Você é linda!

Você é linda!

Jenna Lucado

com bilhetes de

MAX LUCADO

tradução de
Bárbara Coutinho
e Leonardo Barroso

Rio de Janeiro
2023

Thomas Nelson
Brasil®

Título original
Redefining Beautiful

Editor responsável	*Julio Silveira*
Supervisão Editorial	*Clarisse de Athayde Costa Cintra*
Produtora Editorial	*Fernanda Silveira*
Capa	*Luise Krause*
Tradução	*Bárbara Coutinho e Leonardo Barroso*
Revisão	*Margarida Seltmann*
Projeto gráfico	*Ilustrarte Design*
Diagramação	*Julio Fado*

CIP-BRASIL. CATALOGAÇÃO NA FONTE
SINDICATO NACIONAL DOS EDITORES DE LIVROS, RJ

L965v

Lucado, Jenna
Você é linda!: descubra a beleza que Deus vê em você / Jenna Lucado; com bilhetes de Max Lucado; [tradução Bárbara Coutinho e Leonardo Barroso]. - Rio de Janeiro: Thomas Nelson Brasil, 2010.

Tradução de: Redefining beautiful
ISBN 978-85-78600-77-8

1. Adolescentes (Meninas) - Vida religiosa. 2. Adolescentes cristãos - Vida religiosa. 3. Autoestima em adolescentes - Aspectos religiosos - Cristianismo. I. Lucado, Max. II. Título.

10-0230. CDD: 248.833
CDU: 248

Rua da Quitanda, 86, sala 218 – Centro – 20091-005
Rio de Janeiro – RJ – Brasil
Tel.: (21) 3175-1030
www.thomasnelson.com.br

Eu sei como sonhar, porque você disse: "Eu acredito em você."
Eu sei como ficar de pé, porque você disse: "Eu estou orgulhoso de você."
Eu sei como amar, porque você disse: "Eu te amo."
E eu sei quem sou porque você disse: "Você é minha."

Para meu papai na Terra e para meu Papai do céu — eu só consegui escrever este livro por causa de vocês. Este livro é para vocês.

Sumário

Um recado da Jenna

Alguns dias eu o amo. A maioria dos dias, eu o odeio. Mas eu tenho que admitir, ele é honesto. Ele sempre vai me dizer se eu estou com comida nos dentes ou com uma meleca no nariz. Ele não tem medo de me dizer se certa blusa está muito apertada ou se uma cor não combina com meu tom de pele. Eu aprecio a honestidade, mas ele também me engana. Engana porque sempre que me diz: "Ah, vista essa blusa bonitinha e sinta-se bem com você mesma" ou "Perca alguns quilinhos e seja feliz para sempre", isso não funciona. Eu nunca sou boa o suficiente para ele.

Eu tento não andar muito na cola dele, senão eu posso cair em sua armadilha de desencorajamento: "Jenna, estou vendo aquela celulite aí atrás. Sua pele está bastante oleosa estes dias. Esses seus dentes precisam de um clareamento!" Eu tento bloquear suas mentiras, que me dizem que não sou boa o suficiente, que não sou bonita, mas é difícil.

Tenho certeza de que você já se encontrou com ele. Ele tende a aparecer em diversos tipos de lugares: banheiros, carros, lojas de departamentos e academias. E tenho certeza de que você sentiu algumas dessas inseguranças quando estava em frente a ele.

O nome dele?

Espelho.

Infelizmente, o espelho raramente nos diz como somos bonitas. Ele nunca percebe quando eu ajudo minha mãe a limpar a cozinha ou quando eu evito fofocas à mesa na hora do almoço. Mesmo quando estou com um cabelo magnífico, ele só percebe minha espinha no queixo. Por causa dele algumas vezes eu me pergunto se a palavra *bonita* poderia me descrever.

Bonito: adj. 1. Possuir qualidades atrativas que proporcionam grande satisfação ao ser visto, ouvido, pensado etc. 2. Excelência dentre muitos. 3. Particularmente gracioso, adorável ou belo...

Ok, essa pode ser a definição do dicionário para bonito, mas vamos voltar à realidade. O espelho, junto com seus outros companheiros como a TV e a revista, parecem determinar o que é bonito e o que não é. Deixamos os meninos nos dizerem se somos bonitas ou não, e algumas vezes deixamos até o grupo das meninas populares definir o que é belo.

Por causa dessas milhares de definições que as pessoas têm para a beleza, nós podemos facilmente ficar confusas ou lutar para nos enxergar como belas. Mas a verdade é que o espelho vê tudo errado! Ele nunca usa a definição mais importante, aquela que claramente diz o que a beleza é:

Bonito: o que Deus vê quando vê você.

O que significa beleza para você? Pense em alguém em sua vida que você considera bonito. Por que essa pessoa é bonita para você?

Ok, garota, vamos falar sobre tudo isso — nossa aparência, nossas roupas e nossas amigas. Vamos dividir alguns segredos: temos que cair na real em relação à nossa vida, aos nossos sonhos, a nossos pais e a Deus; e você sabe que vamos falar de garotos!

Mais importante, vamos falar sobre o que a *beleza* realmente quer dizer; mande o espelho passear e descubra como ser bonita pode fazer sua vida ficar mil vezes melhor.

Jenna

capítulo 1

Ser estranha é bonito

Eu sou estranha.

Sou mesmo.

Se a revista Gloss fosse analisar meu visual, tenho certeza de que eles chamariam de algo como "Casual criativo" ou "Elegante eclético" (embora a Gloss nunca fosse analisar meu estilo, porque não há muito em meu estilo para ser analisado).

Qual é o seu estilo? É "Diva despenteada" — acorda em cima da hora, veste o que cai em cima de você, coloca seu par de brincos favoritos e se apressa para a escola; coloca o *gloss* no carro e corre para a aula com o cabelo bagunçado? Ou você é uma "Estrela esportiva" — aparece na aula com o último lançamento da Nike e um capuz com zíper que combina com seus sapatos e com um rabo de cavalo mal feito? Ou você é "Antenada", "Classuda", "Atualizada" ou "Não estou nem aí"? Todos temos um visual. Qual é o meu? Bem... É o estranho.

Pensamos em moda como nosso estilo, mas vamos lá, nosso estilo é muito mais que isso. Nós também usamos como acessórios hábitos doidos, crenças estranhas e manias bobas. Eles são acessórios em nossa vida que as pessoas enxergam quando elas veem nosso estilo de se vestir e nosso estilo verdadeiro. Aquele que minhas melhores amigas veem porque elas me conhecem bem. Aquele que Deus vê. Mas eu tenho que ser honesta. Por dentro, meu estilo é estranho.

Na verdade, eu fiz uma lista de todos os meus hábitos estranhos e das minhas manias, e eu apostaria cem reais que minha lista é tão grande que poderia envolver a Terra como uma fita em um presente de Natal. Embora, vamos encarar, a circunferência da Terra é de mais ou menos quarenta mil quilômetros. Ninguém pode ser tão estranho... Ou pode? Você decide. Aqui está uma versão pequena da minha lista "Por que sou estranha":

1. **Adivinhe qual é meu item de maquiagem favorito?** Vá em frente. Você pensou no batom da Clinique? Blush Revlon? Rímel da M.A.C? Esses produtos são muito bons, mas não, não e não. A única coisa que não saio de casa sem é... vaselina. Sim, vaselina. Gasto um tubo de vaselina mais rápido do que devoro uma barra de chocolate. Eu amo! É a minha pomada dos milagres. Eu a uso como *gloss*, removedor de maquiagem e loção. Se estou com aqueles cabelinhos que voam, eu os coloco para baixo usando vaselina. Para mim, ela é tão necessária como água e oxigênio. É um dos elementos essenciais de meu visual.
2. **Existe uma cor que eu bani do meu visual — o rosa**. Eu realmente não gosto de rosa. Eu não ligo se a revista Capricho diz que está na moda. Eu não ligo se a Atrevida diz que essa é "a cor da estação". Eu não vou usar. Eu não gosto de enfeitar as coisas com ela. Se rosa fosse um cheiro, eu taparia meu nariz. Se rosa fosse um feriado, eu não o celebraria. Se rosa fosse uma comida, eu não a comeria. É ótima para alguns, mas não para mim.
3. **Em vez de me contorcer de ansiedade quando um par de sapatos fica em liquidação no shopping,** eu sou a estranha que fica feliz quando uma caixa de bombons ou um Big Mac entra em promoção. Não tem um dia que passe que eu não coloque açúcar em minha boca. De fato, eu estou mascando um chiclete agora mesmo, porque eu comecei a babar no meu teclado só de pensar em doce. Eu iria preferir um saco de jujuba em vez de uma carteira Chanel com couro de crocodilo.

Dica de beleza

Utilidades da vaselina

Ok, você pode até rir, mas eu acho que a vaselina é muito desvalorizada. Veja só estes truques perfeitos da minha pomada dos milagres:

- Creme de cutícula
- Creme para os pés (não se esqueça de colocar meia depois: tapete e vaselina não são uma boa combinação!)
- Creme para os olhos
- Removedor de maquiagem
- Batom
- Loção
- Serum para controlar os cabelos arrepiados

Quem poderia imaginar que teria tantos truques mágicos em um frasquinho de pomada de petróleo barata?

O mais legal é que não estou sozinha em minha esquisitice. Todas nós somos estranhas de certa forma. Pense nisso. Quais são os elementos essenciais em sua aparência que a fazem sentir-se como você mesma? Tudo tem que combinar? O cinto, os sapatos, a bolsa, a saia e mesmo a presilha de cabelo e as meias têm que combinar? Maquiagem é um palavrão ou a Barbie é uma super-heroína? Talvez você só use camisas de cores escuras para as manchas não aparecerem. (Ou só eu faço isso?) Que tal um destes hábitos e truques que fazem você ser única? Dormir com cinco travesseiros? Assistir à reprise de uma comédia qualquer depois da escola? Sempre usar lingerie vermelha em dias de jogo? Escovar os dentes contando até 138? Não é até 140 ou 150, mas 138?

Pare um minuto e liste alguns de seus hábitos, gostos e desgostos, truques e elementos essenciais de seu visual único. Em outras palavras, o que faz você ser estranha?

Meus truques: **Elementos essenciais do meu visual:**

____

____

____

____

____

____

____

____

____

____

____

____

____

____

Viu? Você também é estranha! Mas tudo bem. Estranho é bonito! A estranheza é o que lhe faz... bem... você.

Dica de beleza

Abrace sua estranheza

Um dos meus maiores furos fashion foi tentar ser alguém além do meu estranho ser. Tentar ser alguém que você não é não é um bom visual. Primeiro, não é natural, e segundo, dá muito trabalho. Então, abrace seu jeito estranho-belo de ser! Eu prometo, você fica melhor sendo você mesma!

Por que somos estranhas

Eu costumava me perguntar por que somos do jeito que somos. Por que sou estranha? Por que algumas pessoas comem sanduíche de maionese ou de pasta de amendoim? Por que algumas pessoas só usam calça larga? E como as divas da moda se tornam divas da moda?

Aqui vai minha conclusão: eu posso associar quase todo traço estranho e quase todos os elementos únicos da minha aparência à influência de alguém em minha vida.

Por exemplo, minha obsessão questionável em relação aos doces vem de minha mãe. Ela sempre estocou doce em casa quando eu estava crescendo. Ela comprava caixas e mais caixas. Mamãe tinha fixação por um doce chamado Atomic Fireballs (Bola de fogo atômica) — ele é redondo, como um quebra-queixo, e é mais forte do que pimenta jalapeno. Mas por ela gostar apenas da parte picante que fica do lado de fora do doce, a parte do meio, que é doce, ficava largada pelos balcões da cozinha. Todo mundo sabia que se tivesse uma bolinha branca rolando pelo chão, minha mãe tinha acabado de comer seu doce favorito. Ela engolia um atrás do outro, enchendo a lata de lixo com embalagens plásticas. Até hoje, eu não entendo como a ardência do doce não paralisou suas papilas gustativas para sempre.

E por que eu odeio rosa? Bem, no jardim de infância eu estava sentada no ônibus da escola perto da minha amiga Mary. Ela me perguntou qual era minha cor favorita. Quando eu disse a ela que era rosa, ela zombou de mim: "Rosa é uma cor estúpida! Apenas idiotas gostam de rosa. Roxo é a melhor cor do mundo." Naquele dia, meu mundo cor-de-rosa desmoronou. Eu me transformei de uma adoradora a detestadora do rosa. Nada de bolinhas rosa ou listras rosa será visto em meu armário!

Não é bobo como uma coisa insignificante como essa possa moldar uma parte de mim? Mas essas pequenas memórias, pessoas e acontecimentos em nossa vida nos influenciam mais do que pensamos. Elas podem até mesmo moldar nossa personalidade.

As pessoas podem nos influenciar de forma muito destrutiva também. Eu tenho uma lista de medos e inseguranças tão grande como a minha lista "Por que eu sou estranha?" E assim como eu posso relacionar minha estranheza com a influência de outras pessoas em minha vida, eu tendo a encontrar alguém que esteja na raiz de minhas inseguranças. Esses traços negativos afetam minha aparência assim como minhas tendências de moda não convencionais afetam. No final, nossa aparência vai mais além do que aquilo que está do lado de fora, não é? Tem a ver com como nos portamos, como sentimos que os outros nos observam e a disposição e a atitude mostradas. Aqui estão algumas inseguranças com que eu tenho que lidar de tempos em tempos:

1. **Eu já espero que as pessoas não gostem de mim**. Isso fica evidente quando eu tento impressionar as pessoas. Vamos voltar lá na minha quarta série, quando eu gostava de um menino chamado Steven. Ele foi meu primeiro amor — depois do cantor *country* Randy Travis, é claro. Eu fiz tudo o que pude para que o Steven gostasse de mim. Tentei ser engraçada. Vestia roupas bonitinhas. Orava todas as noites para que ele gostasse de mim. Eu achava que estava chegando em algum lugar — até que... aconteceu. Minha melhor amiga, Amy, me contou que ele havia pedido a ela para ser sua namorada. Eu me lembro de estar sentada perto deles na igreja quando ele deu a ela um anel feito de papel laminado, desses que envolvem um chiclete de frutas. Meu coração desabou. Só foi preciso um anel estúpido de folha de alumínio para eu encucar com a ideia de que não era bonita o suficiente ou boa o suficiente e que eu tinha que tentar muito mais para que as pessoas gostassem de mim. Mesmo hoje, eu às vezes me reviro para surgir com algo legal ou interessante para que os outros me achem uma pessoa legal. Outras vezes, eu falo com antecedência que certa pessoa não gostará de mim, aí, se essa pessoa realmente não gostar, eu não vou ficar triste.
2. **Eu tento agradar todo mundo**. Eu faço qualquer coisa para evitar conflito com as pessoas. Sempre que eu precisava fazer um trabalho escolar em grupo, o trabalho se tornava individual. Eu sempre fui aquela que se apresentava para fazer qualquer coisa — e meus colegas de classe sabiam disso. Então, todas as vezes que eles não queriam fazer trabalhos, eles sabiam que podiam me ligar e eu assumiria todo o fardo. Minha boca tem problemas em dizer "não" e eu não me imponho porque quero evitar o conflito.
3. **Eu tenho medo de falhar**. Toda vez que estou com uma nova responsabilidade ou oportunidade, eu tenho essa necessidade

esmagadora de ir para casa e chorar no meu travesseiro porque tenho pavor de fazer tudo errado. Eu me pego imaginando o pior, em vez de lutar pelos meus sonhos porque eu tenho medo que possa acontecer uma catástrofe. Esse tipo de medo pode ser frustrante.

4. **Eu costumava ter problemas com minha aparência**. Algumas vezes, eu ainda luto. As inseguranças começaram no ginásio, quando todas as meninas estavam criando seios e eu não. Eu sou o que minha mãe gosta de chamar "uma rosa que floresce tarde". Bem, eu já estava cansada do meu inverno longo! Eu era a única do meu círculo de amigas que não tinha crescido seios. Eu me lembro de tentar me esconder atrás do meu armário, assim ninguém veria meu sutiã de educação física. Quando eu fiquei mais velha, eu focava em meus defeitos o tempo todo, achando que não era magra o suficiente ou meu rosto não era luminoso o suficiente. As minhas roupas nunca me agradavam. Eu tinha insegurança com o meu visual e preferia focar nos aspectos negativos da minha aparência física em vez de focar nas partes boas.

E você? Quais são seus medos e suas inseguranças? Com que tipo de insegurança você tem que lutar?

Eu me sinto insegura com...

____

____

____

____

____

De onde vêm essas coisas? Bem, para mim, um monte de preocupações e medo que eu acabei de compartilhar tem relação com a influência negativa que alguém exerceu em minha vida.

Por exemplo: Meu professor de piano do primário não era uma pessoa que levantava minha autoestima.

Toda vez que eu olhava para ele, eu via Beethoven — um músico brilhante com uma necessidade urgente de terapia para controlar sua raiva. Até o cabelo dele era igual ao de Beethoven. Eu chorava antes de cada aula e implorava a minha mãe para não me fazer ir. Meus dedos ficavam parados em cima das teclas, tremendo como um pote de gelatina na mão de uma criança de dois anos. Sabia que se fizesse algo errado, meu professor ia gritar e bater seus dedos nas teclas que eu errei. Durante os poucos anos que passei com ele, meu medo de errar crescia cada vez mais.

Mais tarde, se um professor olhasse para mim por causa de uma resposta errada ou se eu perdesse uma bola no jogo de vôlei, a cara de decepção das pessoas a minha volta aumentava meu medo de perder.

Penso com frequência em como seria bom se o que as pessoas pensam e falam sobre mim não me afetasse. Eu anseio me sentir amada, completa e bonita a tal ponto que as palavras maldosas de ninguém poderiam me colocar para baixo. Eu espero ter segurança em mim mesma — segurança que seja forte o suficiente para enfrentar as pedras que as pessoas atiram em mim e as que eu acho que elas gostariam de jogar em mim. Você já quis isso?

Quando fui para a faculdade, conheci uma menina que irradiava segurança. O nome dela era Melanie. Ela gostava de todo mundo e todo mundo gostava dela. Ela era uma líder nata e tinha vários amigos. Toda vez que eu ia até ela, ela tirava parte de seu dia para ouvir meus problemas, me encorajar e me fazer rir. Ela nunca usava as roupas da moda. Pensando bem, nunca a vi de maquiagem. Mas ela tinha um olhar que dizia, "eu estou confortável com quem eu sou. Eu sou segura e confiante". Essa segurança era uma beleza que eu não tinha visto nas adolescentes da minha idade. Não era o tipo de beleza encontrada nas revistas, mas era o tipo que eu queria.

Conseguindo o visual

Como conseguimos o visual de Melanie? Como podemos nos sentir tão seguras em nossa pele que nossos ombros caídos ficariam retos, nossos olhos distraídos focariam em algum lugar, nossas lágrimas desapareceriam e nossas inseguranças sobre meninos e amigos dariam lugar a uma confiança mais firme?

Gostaria de acrescentar os acessórios secretos de Melanie ao meu visual. Mas antes de conseguir o que ela tem, preciso abrir um pouco de espaço. Alguma coisa tem que ir embora. Eu passo por fases quando estou enjoada de minhas roupas, me canso do meu visual. Toda vez que acontece, começo a dar roupas. Começo limpando cada centímetro do meu armário. Dou camisas velhas, sapatos e bolsas que lembram meu visual antigo.

Você e eu estamos prestes a começar uma limpeza, mas não estou falando em limpar nosso armário. E você pode se surpreender em como este novo visual pode influenciar tudo em sua vida. Além do mais, é de graça! Vamos limpar nosso coração aos poucos. Vamos nos livrar de tudo que é ruim e que nos impede de ter um visual novo — um visual que irradia alegria, que emana segurança e que diz, "eu sou bonita e criada com perfeição".

Está na hora de redefinir a beleza.

Capítulo 2
Esquecendo o desodorante

Eu sempre me esqueço de colocar desodorante. A pior parte desses dias é o momento em que eu percebo que estou sem desodorante. Eu fico consciente na hora. O nervoso impulsiona as glândulas sudoríparas e o suor começa. Sentir o mau cheiro começando nos dá outra camada de consciência e outra camada de suor, e o ciclo continua.

Outro dia, decidi fazer compras no shopping. Eu estava péssima. Eu saí de casa sem escovar os dentes. Metade do meu cabelo estava em um rabo de cavalo. A outra metade? Bem, eu não tenho ideia do que a outra metade estava fazendo. Eu só sabia que estava na minha cara. Aí, na metade do caminho, eu olhei para baixo e percebi algo que me deixou pior: eu ainda estava usando meu chinelo de andar em casa!

Dica de beleza

Lembrando do básico

Duas coisas que eu aprendi: em primeiro lugar, como rir de mim mesma em momentos estranhos e, em segundo, como evitar esquecer coisas me lembrando antes — como colocar um desodorante extra na bolsa ou na mochila.

Então, para evitar algumas experiências humilhantes em potencial, pegue uma bolsinha de maquiagem e coloque coisas essenciais tipo um desodorante, um absorvente e uns elásticos para um rabo de cavalo. Deixe em seu carro, sua bolsa ou no armário da escola. (E se alguém tiver uma dica de como lembrar de calçar os sapatos... me conte!)

Quando minhas amigas e eu falamos sobre momentos como esses, poucas conseguem ultrapassar as coisas que eu fiz. Você consegue?

Qual foi o momento mais embaraçoso que você já teve por causa de algo que você esqueceu?

Coisas que não são básicas na moda

Os artigos das revistas de moda mostram os itens da estação que "devemos ter". Nem pense em sair de casa sem a última carteira ou aquelas rasteirinhas metálicas, e por que se importar em usá-las com a mais nova base do mercado, pó compacto e sombra? O que importa é vender, vender e vender. E o objetivo para nós é comprar, comprar e comprar.

Ainda bem que em nosso coração sabemos que ficaremos bem sem todos esses acessórios da moda. Os últimos lançamentos não são tão necessários quanto parecem ser. Sério, me dê um par de sapatos e um desodorante e eu ficarei bem.

Além da patrulha do desodorante e do sapato, existem alguns "itens essenciais" que Deus considera realmente essenciais no visual de uma menina — e eu não estou falando de acessórios da moda. A beleza real tem pouco a ver com isso. Você já conheceu alguém que se vestisse de forma extravagante, mas com tanta segurança que seu estilo se torna único? Não foram as roupas que ela vestiu que a fizeram atraente, foram? Nosso visual verdadeiro é definido pelo que somos no interior. E, acreditem ou não, como nosso coração é no interior determina como somos no exterior. Pense nisso. Você já viu alguém estressado ou transtornado que mudou a aparência exterior? Você já esteve tão estressada assim? Expressões faciais duras, um tom de voz pesado ou uma impaciência séria com outros são apenas alguns exemplos. Mas seja lá qual for a reação, o resultado é o mesmo: você não é *você*!

Não importa o quão bonitas estamos por fora, se não temos os acessórios certos por dentro, não ficaremos bonitas. Então, onde conseguimos esses acessórios? E o que eles são? O que precisamos de verdade?

Escreva os acessórios que você acha que precisa em sua vida:

____

____

____

____

____

Algumas vezes não sabemos de verdade o que precisamos e algumas vezes nós pensamos que precisamos de algo que não precisamos...

Menos é mais

Quando eu estava no meio do ensino médio, eu culpava Deus por esquecer-se de me dar um acessório importante que todas as minhas amigas tinham — um namorado. Eu achava injusto que todas elas tinham um rapaz dizendo como elas eram bonitas. Eu achava injusto elas se vestirem bem para ir à escola. E eu achava especialmente injusto que elas tinham um nome para escrever na agenda. Eu queria um nome para colocar em balõezinhos na margem do meu caderno:

Eu ♡ ____________.

Eu apelava a Deus por um namorado. Finalmente, no fim do ano, eu encontrei um! Ele era bonito, engraçado, alto, atlético — eu falei bonito?

Depois de alguns meses namorando, borboletas e mãos juntinhas, o pior aconteceu: ele e a família se mudaram. Eles se mudaram! Meu namorado, o primeiro, lindo, popular e engraçado, saiu do Texas para Nova Jersey! Eu estava furiosa com Deus! O que ele estava pensando? Eu senti como se ele estivesse arrancando parte de mim. Ele tirou uma parte essencial do meu visual, um pedaço de mim!

Olhando para trás, vejo exatamente por que Deus quis nos separar. Naquele ponto de minha vida, eu não ligava muito para estabelecer limites físicos. Minhas amigas se gabavam do quão longe elas já tinham ido com seus namorados, então eu queria fazer o mesmo. Cresci sabendo que deveria ser virgem até me casar, mas achava que tudo menos sexo era aceitável. Bem, Deus acabou me livrando de uma boa dor de cabeça. Eu sei que se meu namorado estivesse ficado na cidade, eu teria dado uma grande parte do meu coração que não era para ser dele.

Com frequência achamos que precisamos de algo que Deus não nos deu quando, na realidade, ele está nos protegendo de algo que pode nos prejudicar. É um princípio do mundo da moda: menos é mais. Nesse caso, menos namorado, era exatamente o que eu precisava.

Quais sãos as coisas que você queria, mas agora, olhando para trás, você percebe que Deus livrou você de alguma coisa por não dar?

____

____

____

____

____

Então, meu namorado foi um acessório desnecessário.

Porém, algumas vezes as pessoas estão perdendo algo de que elas precisam — um pai amado, um mentor encorajador; ou um amigo íntimo, alguém para ficar acordado a noite toda, vendo filmes e trocando confidências. Algumas vezes, nós, meninas, odiamos nos olhar no espelho; achamos que somos feias porque não há ninguém para nos dizer que somos bonitas. Ou não somos convidadas para sair nos fins de semana como os outros são, e passamos por períodos em que nos sentimos sozinhas ou deixadas de lado. É especialmente importante durante aqueles períodos em que estamos buscando o acessório certo. Então, o que são esses acessórios? Bem, aqui está uma lista dos meus oito acessórios básicos da vida:

Acessórios básicos da vida

- Segurança — confiar que não importa o que façamos, temos Deus, que nos ama.
- Identidade — saber quem somos e de quem somos.
- Valor — saber que somos queridos.
- Amor — conhecer o amor de Deus por nós, para que amemos os outros.
- Autocontrole — para tomar boas decisões.
- Paz — acreditar que Deus está no controle.
- Alegria — conhecer a Fonte de toda alegria.
- Contentamento — no que Deus te fez ser.

Eu descobri que usar esses acessórios (especialmente todos de uma vez) faz as pessoas bonitas por dentro e por fora! As pessoas que usam esses oito acessórios são minhas pessoas favoritas para estar perto.

Infelizmente eu descobri que não podemos comprar tudo isso na Zara, e a Renner não os tem em desconto. Chato, eu sei. De fato, há algumas pessoas e coisas em nossa vida que fazem mais do que manter esses acessórios do coração longe de nós. E algumas vezes estão faltando em nossa vida alguns elementos que nos impedem de tê-los.

Se você já sentiu que está perdendo um desses acessórios da vida, você não está sozinha.

Quais desses acessórios você usa regularmente? E qual você gostaria de ter? Existem pessoas em sua vida que a influenciaram a usar ou não alguns deles?

____

____

____

____

____

____

____

____

____

____

Uma pessoa que teve um grande impacto em minha vida foi meu pai. Pelo fato de usar sandálias com meia, ele não é a primeira pessoa para quem eu peço conselhos de moda... na verdade, nunca pergunto nada de moda para ele. Mas quando falo de acessórios para a vida... ele me ensinou muito! Ele me desafiou e me moldou de tantas maneiras. Meu pai me lembra de que sou bonita por dentro e por fora, e ele me ensinou como encontrar e ter a beleza verdadeira.

Vamos ouvir alguns conselhos de meu pai, Max, nos capítulos a seguir.

Capítulo 3
Bronzeado clandestino

"Pai! Para!" Essas duas palavras resumem muito da minha vida no ginásio e no ensino médio. Ou eu tentava colocar um fim em seus passos de dança desajeitados ou em sua cantoria alta em público. Eu dava toques ou puxava a camisa dele para fazê-lo parar com suas atividades vergonhosas.

No final, comecei a amar todos os seus comportamentos "vergonhosos" e fiquei grata pela influência dele em minha vida. Mas nunca imaginei o quanto um pai pode ser importante.

A conexão entre o alto envolvimento de um pai na vida acadêmica de uma criança "está associada com notas altas no ensino médio".[1] De fato, dizem que "metade de todas as crianças com pais altamente envolvidos, em famílias nas quais os pais não são separados, relataram tirar notas altas em sua maioria, no último ano do ensino médio, comparados com 31,7 por cento de crianças que vêm de famílias sem um pai presente".[2]

Existe alguma loja onde você compra a maioria de suas roupas? Algumas vezes minhas amigas me dizem: "você é tão Redley!" Se alguém fosse classificar onde você consegue seu estilo, que loja seria? Talvez você seja uma menina GAP. Você pode estar pensando, *eu sou uma menina de loja de promoções*, ou você está pensando, *eu me rendo, faça o meu estilo*? Muitas vezes, existe uma loja principal de onde vêm as roupas que guardamos em nosso armário. Nosso pai é como essa loja principal. Muito de nossos estilos vem da influência e de nosso relacionamento com ele. Não estou falando apenas do modo como somos por fora (embora o pai possa afetar nossa aparência física), mas ele ajuda a definir quem somos, como olhamos para nós e para todos a nossa volta. Em outras palavras, ele afeta *nosso olhar externo*. E nosso olhar externo nos dá certa perspectiva em todos os aspectos da vida e sobre todas as pessoas que encontramos: ou isso acrescenta algo cinza e sem graça para o nosso mundo ou preenche-o de cores, fazendo todos mais bonitos. É meio louco, mas o amor dele pode transformar completamente o modo como somos.

O internacionalmente conhecido psicólogo Dr. Kevin Leman fez várias pesquisas sobre a relação filha e pai. Ele disse: "O ingrediente mais importante na vida de uma mulher é seu relacionamento com o pai."[3]

Isso porque Deus designou o amor de pai para ser uma parte essencial no coração de uma menina. Mas se o pai é a chave para moldar a mulher que nos tornamos, temos um grande problema: existem muitas meninas sem pai — e, infelizmente, muitas meninas cujos pais não são tão bons.

Considere isto: "Se você pegasse um mapa dos Estados Unidos e desenhasse uma linha no meio do país e, de um lado, colocasse todas as crianças que fossem de bebê aos dezoito anos viver com os pais, e no outro lado, todas as crianças que não terão essa experiência, existiria o mesmo número de crianças em cada lado da linha."[4]

Talvez você nunca tenha encontrado seu pai, ou ele tenha morrido, ou ele tenha se mudado. Ou ele vive na mesma casa que você, mas você sofre para saber se ele te ama. E por causa disso você lida com muitas inseguranças.

Talvez você esteja do outro lado daquela linha e tenha um bom relacionamento com seu pai.

Para o bem ou o mal, pais afetam profundamente a vida de suas filhas.

Maggie

Maggie tem dezesseis anos. Quando perguntei sobre seu pai, ela deu uma risada estranha. "Eu não sei. Eu não me importo mesmo. Eu acho que o amo, mas eu não penso muito nele."

Seus olhos tristes evitaram os meus; eu pude ver a ferida ali. Mudando de um polo a outro, ela não sabia mais o que dizer.

Eu tentei um pouco mais:

— Seus pais ainda estão vivendo juntos?

— Não.

— Quanto tempo ele morou com você?

— Ele saiu de casa quando eu ainda era muito jovem. Eu ainda lembro a época em que eu o visitava. Eu tinha provavelmente uns sete anos ou algo assim. Ele me disse que eu tinha engordado desde a última vez em que ele me viu.

Ela saiu com uma risada nervosa.

Mallory

Mallory tem quinze anos. Ela mora com seu padrasto. Ela disse que não poderia dizer alguns dos nomes que ele a chama. São xingamentos. Ela me disse que ele a chama de burra, feia e idiota — e ela começa a chorar. Foi quando eu olhei para baixo e vi as marcas em seus braços.

— Um dia, eu comecei a me cortar — ela disse em lágrimas.

— Por quê? — eu perguntei.

— A minha vida inteira, meu padrasto gritou comigo por que eu chorava. Não se chora na minha casa.

Então, cortar-se é um jeito de Mallory sentir a dor que não é permitido que ela sinta em casa.

Meninas lembram os momentos que seus pais passam com elas — se o pai estava lá para apertar a mão do namorado, dar um beijo de despedida na noite da festa de formatura ou ajudá-las com o trabalho de casa... e elas lembram quando ele não estava lá.

Agulhas fervidas e batom da Revlon

Eu amo ir para o lago no verão. Minha família e eu costumávamos pegar o barco e ficávamos do nascer ao pôr do sol. Papai nos puxava no esqui aquático até nossos braços ficarem mais moles que manteiga. Uma das minhas coisas favoritas de ir para o lago era aquele bronzeado que eu esperava muito (e eu precisava dele). Eu adorava quando o sol estava forte e as nuvens se escondiam para não serem vistas. Minha pele branca, quase transparente, suava no sol como uma esponja encharcada de água.

Uma manhã, eu estava pronta para ir brincar no lago, mas o sol não estava. Ele estava escondido atrás de nuvens que pareciam um cobertor grosso. Eu tentei convencê-lo a aparecer durante o dia, mas ele me ignorou completamente. Tão indelicado! Já que o sol se recusava a aparecer, eu me recusei a colocar o protetor solar. Pois não havia nenhum sol do qual se proteger, não é? Uau, eu estava errada!

Na manhã seguinte, eu estava praticamente me afogando em minha própria baba, dormindo como um urso no inverno, até que... caí da cama. Normalmente, cair da cama não é nada de mais, certo? Não naquela manhã. Gritei tão alto que você teria pensado que alguém me espetou um garfo! Minha pele estava tão crocante como um pedaço de frango e tão vermelha como um batom da Revlon. Mas como podia ser? Não estava dando nem para ver o sol ontem!

Bem, não era porque eu não podia ver o sol que ele não podia me ver. Só porque eu não senti os raios UV destruindo minha pele sem defesa não significa que eles não iriam me queimar sem piedade.

Dica de
beleza

Proteja sua pele

Toda vez que a mamãe nos dizia para usar protetor, eu sempre respondia: "Mãe, eu não vou usar o protetor porque eu estou produzindo meu bronzeado para o verão." Olha, eu estava errada! Eu aprendi da pior forma que não existe desculpa para sua pele ficar queimada. Além de prevenir câncer de pele, o protetor também protege contra o envelhecimento precoce. Então seja esperta. Coloque um protetor não apenas quando se expuser ao sol, mas tente usar um hidratante ou uma base com protetor para uso diário.

Assim como uma queimadura imprevisível do sol em um dia nublado, efeitos colaterais inesperados do relacionamento com nossos pais podem nos atingir quando pensamos que estamos seguros. Quando achamos que não temos nenhuma cicatriz emocional, quando achamos que nosso Pai não afetaria o modo como somos agora... BUM! Algo acontece. Shawn, por exemplo, percebe que seu estômago não fica legal toda vez que fica sozinha com um homem, porque no tempo em que ficava sozinha com seu pai ela sofria abuso. Lauren percebe que não respeita autoridade porque seu pai dá tudo que ela quer. Katy sentiu que tem medo de casamento e intimidade porque ela vê o casamento de seus pais desmoronar. Lesley não se sente feliz a não ser que tenha um namorado, porque ela busca a tensão masculina que não teve em casa. Kylie não se acha bonita o suficiente, esperta o suficiente ou boa porque nunca foi bonita, esperta e boa o suficiente para seu pai.

Você se vê em uma dessas meninas?

____

____

____

____

Com sorte, seu pai a influenciou de forma que você olhasse para os outros positivamente. Tive sorte de ter um relacionamento saudável com meu pai quando eu estava crescendo. Ele foi muito bom em me dizer o tamanho do orgulho que ele sentia por mim. Por conta disso, ele me deu um dos acessórios essenciais que eu mencionei antes: segurança. Mas eu não valorizei o suficiente. Nunca percebi o quanto dependi do encorajamento do meu pai até eu ir para a faculdade. Depois que saí de casa, comecei a me sentir mais insegura em relação a mim mesma. Eu ficava mais intimidada na aula e sofri muita ansiedade ao fazer amigos. Levou um tempo para eu perceber que estava estressada porque não morava mais com o meu maior fã! As meninas do dormitório não iriam chegar para mim e dizer: "Jenna, estou tão orgulhosa de você!" do modo que meu pai fazia. Eu nunca percebi o quanto as palavras do meu pai afetavam meu coração. Essa verdade entrou sorrateira pela porta dos fundos como uma queimadura em um dia nublado. Percebi como meu relacionamento com ele definia muito de quem eu era. Impactava como eu me sentia e como olhava para mim mesma.

Talvez você consiga enxergar isso agora, ou não, mas três grandes áreas da vida são significantemente influenciadas pelo relacionamento de uma filha com o pai:

O modo como ela olha para ela mesma
O modo como ela olha para os outros
O modo como ela olha para Deus

1. Olhando para você mesma

Muitos médicos e pesquisadores dizem que ter interatividade e um relacionamento saudável com seus pais faz com que as meninas melhorem o modo como olham para elas mesmas:

"Pais carinhosos e envolvidos são importantes para o bem-estar psicológico de seus filhos, incluindo felicidade, satisfação e menos estresse."[5]

"Amando e sendo amadas por seus pais, meninas aprendem que elas merecem ser amadas."[6]

"O amor do pai define a feminilidade da filha, molda o caráter, afirma a identidade e a valoriza."[7]

2. Olhando para os outros

O pai também molda a forma como as meninas olham para os outros e se relacionam com eles. Veja:

"As meninas aprendem com seu pai como se relacionar com os homens. Elas aprendem sobre a confiança em relacionamento de sexos opostos, intimidade e diferença."[8]

O pai também molda como é um relacionamento em um casamento, então, se uma menina viu o relacionamento de seus pais desmoronar, seu exemplo do que é casamento está errado. "O divórcio dos pais aumenta a possibilidade do primeiro casamento da filha terminar em divórcio em 114%."[9]

"Adolescentes de lares desfeitos têm mais probabilidade de mostrar falta de confiança às outras pessoas."[10]

> "As crianças que têm um relacionamento próximo com seu pai têm... 75% menos chance de engravidar na adolescência."[11]

3. Olhando para Deus

   Isso pode não ser surpresa, mas a forma como olhamos para Deus é muito influenciada por nossos pais:

> "Deus quis que o amor e o cuidado de um pai refletisse sua própria afeição [...] mas quando o relacionamento com nosso pai da Terra resulta em algo errado, esse reflexo de seu amor se torna distorcido e até mesmo destruído."[12]
>
> "Muitas meninas jovens moldam sua visão de Deus de acordo como veem seus pais. Mesmo quando elas amadurecem e começam a ver melhor os defeitos de seus pais [...] elas vão aproveitar o quanto esse homem se relaciona com o Criador do universo."[13]

Ter um ótimo pai pode contribuir muito para crescermos com uma visão saudável de nós mesmos, dos outros e de Deus. Mas mesmo se tivermos o melhor pai do mundo e ele nos der quilos de encorajamento e litros de amor, ainda vamos ter de lidar com nossos medos e inseguranças. Podemos medir nosso valor pela nossa popularidade ou poderemos querer desesperadamente ser amadas por certo garoto. Mesmo que nosso pai seja ótimo, algumas vezes ainda nos vemos querendo ser um pouco mais magra, um pouco mais esperta, mais atlética ou ________ (complete o espaço). Mesmo que seu pai seja maravilhoso, horrível ou algo no meio disso, lembre-se de que nenhum pai terrestre é perfeito o suficiente para completar nosso visual sem imperfeições. Os pais podem ser uma fonte primária de estilo, mas eles não são perfeitos o suficiente para nos deixar totalmente seguras; para nos ajudar a ter relacionamentos saudáveis; ou até mesmo nos ajudar a ver Deus da maneira certa. Ouça de alguém que sabe.

Meu pai e eu

Deixe-me contar um pouco do meu relacionamento com meu pai.

Meu pai alçou voos em sua carreira, amou e serviu milhares de pessoas e conquistou suas metas mais altas, mas eu me orgulho dele por uma única coisa: ele é um pai maravilhoso. Ele sempre foi fiel, envolvido e amoroso como pai. Sei como me amar porque ele me amou. Eu o vi amando outras pessoas, então aprendi a amar os outros. Eu o vi amando a Deus, e seu exemplo me ensinou como amar a Deus.

Mas só porque cresci com um bom pai não significa que algumas vezes eu não tenha escalado montanhas de dúvidas, que não tenha tido a experiência de conflitos espirituais e tenha aceitado amizades superficiais.

O amor de meu pai não era forte o suficiente para evitar que eu me ajoelhasse na borda do vaso e provocasse vômito. Ele não conseguia me fazer deixar de pensar que eu era gorda... Especialmente no Domingo de Páscoa. Eu tinha acabado de passar a tarde enchendo meu estômago de feijão, rolinhos amanteigados e macarrão com queijo, biscoitos — um bando de calorias. Depois que eu fui para casa, me senti culpada e brava comigo mesma. Por que eu tinha feito aquilo? O verão estava chegando. Eu estava em uma dieta severa para ficar bem em minha roupa de banho. Eu achei que vomitar serviria de punição contra mim mesma e aliviaria a culpa que eu senti. Mas qual era o verdadeiro problema aqui?

- O problema real foi que acreditei na definição do mundo de beleza — a mentira de que não somos bonitas se não usarmos tamanho zero.

- O problema real foi que eu ligava mais para minha aparência que para meu coração, e estava pronta para me machucar física, emocional e espiritualmente a fim de ficar magra.
- O problema real foi que não me senti boa o suficiente. Não me senti bonita o suficiente.

Sei que meu pai me ama. Ele me chama de "bonita" o tempo todo, mas ainda olho as capas de revista para ter minha definição de beleza. Eu ainda sofro pela aprovação de outras pessoas.

Acessórios básicos da vida

Segurança — não importa o quê, nós temos um Deus que nos ama

Cometi um grande erro ao tentar achar toda minha segurança no amor de meu pai e na aprovação de outras pessoas. Não é possível. Nunca. Quando fazia isso, estava constantemente insatisfeita e insegura comigo mesma.

Realmente passei a me sentir segura quando comecei a focar em Deus. As pessoas vão sempre cometer erros, ter opiniões dúbias ou não estarão disponíveis o tempo todo. Mas Deus é aquele que nunca abandonará, o lar que nunca será destruído e a família que nunca será separada.

Da próxima vez que você se sentir insegura, faça como Hebreus 12:2 diz: "Tendo os olhos fitos em Jesus." Tire seus olhos de você mesma e vire-os para aquele que ama e ajuda você a saber que é bonita.

Por que é belo

As pessoas seguras são geralmente bastante calmas e descansadas e isso pode ser visto em seus rostos e em suas maneiras. Elas não se gabam ou desapontam outras pessoas. Por que deveriam? Elas estão confortáveis com o que são. Pessoas seguras se relacionam bem com outras porque elas não têm motivos egoístas.

Capítulo 4

Quiz: qual é seu estilo e por quê?

Vamos fazer um pequeno *quiz* sobre *Acessórios básicos da vida* para sabermos qual parte de seu coração merece uma transformação. Nossa beleza geralmente é vista (ou não!) na forma como nos relacionamos com os outros e no modo como nos sentimos sobre nós mesmos. Vamos descobrir qual acessório básico da vida estamos usando e qual estamos deixando de lado, começando com os meninos.

Relacionamento com os meninos

1. Você está fazendo compras no mercado. Enquanto está saindo do corredor de comida, vê um menino lindo, e...

   a. Dá um esbarrão doido nele para se apresentar, e antes que você termine o flerte, garante que ele anote seu número de telefone.
   b. Imediatamente vira para o outro lado e pensa, *não tem como ele olhar para uma menina como eu.*
   c. Fala sussurrando: "Ele provavelmente é como os outros meninos bonitos — um grande otário."
   d. Faz uma prece silenciosa para que ele perceba você, mas se segura, esperando que ele tome a iniciativa. Nem pensar em se aproximar dele!

Agora vamos aprofundar o *quiz* e analisar a resposta. Leia as perguntas a seguir e depois pare para pensar nas respostas que você circulou nesta parte.

Se você respondeu a:

Você não tem medo de se aproximar de rapazes? Se não, por quê?

Você já usou sua tática de não ter medo? Se sim, o que aconteceu com esses relacionamentos?

Se você respondeu b:

Por que você fica tão nervosa falando com garotos?

Você já teve uma experiência vergonhosa com um menino que a magoou? Descreva-a.

Se você respondeu c:

Você não confia nos homens? Explique — e se sim, por quê?

Que meninos deixaram você para baixo?

Se você respondeu d:

Por que você acredita que o rapaz deve se aproximar da menina?

Que exemplos de homens bons você teve em sua vida? Eles estabelecerem um padrão alto para você? Se sim, como?

Relacionamento com amigos

1. Uma de suas melhores amigas fez uma festa em casa e não convidou você. Você decide...

   a. Encontrá-la na lanchonete e, na frente de todo mundo, perguntar por que você não foi convidada.
   b. Evitar a situação. Odiando confronto, você finge que nada está errado.
   c. Para de falar com ela. Meninas são dramáticas. Quem precisa de uma amiga mesmo?
   d. Acha uma hora em que esteja apenas as duas e diz a ela que você não ter sido convidada magoou seus sentimentos. Depois pergunta o que aconteceu que a fez não querer incluir você.

Se você respondeu a:

Você gosta de brigar com as amigas quando elas magoam você? Se sim, que formas de confronto são especialmente úteis ou até mesmo curativas? Que formas não são?

____

____

____

____

____

____

____

Você gosta de estar em determinado grupo na escola? O que faz você querer ser parte de um grupo particular?

Se você respondeu b:

É difícil confrontar amigos? Por que sim ou por que não?

Qual é seu papel no grupo de amigos? Você é a líder, a seguidora, a ouvinte, ou__________? Por que você tem esse papel?

____

____

____

____

____

____

____

____

Se você respondeu c:

Você já foi magoada por uma amiga antes? Se sim, o quanto ela machucou você?

____

____

____

____

____

____

____

____

____

Quais amigas, se alguma, têm sido encorajadoras, boas ouvintes e almas gêmeas confiáveis? O que as faz diferente?

____

____

____

____

____

____

____

____

Se você respondeu d:

É mais fácil para você que para os outros lidar com temas mais duros com amigas? Como você aprendeu a lidar com situações assim?

____

____

____

____

____

____

____

____

____

Quais exemplos você viu que ajudaram você a se identificar com seus amigos?

____

____

____

____

____

____

Relacionamentos com pessoas no comando de sua família

1. Duas meninas na aula de geometria estão trocando bilhetes. Quando uma delas pede para você passar o bilhete para a amiga dela, a professora acha que você é a culpada e lhe dá uma suspensão. Você...

   a. Responde à professora dizendo que ela deveria checar os fatos antes de punir uma pessoa inocente.
   b. Fica com os olhos cheios de lágrimas. Ora para que todo mundo pare de olhar para você e aceita ser punida.
   c. Ri e segue até o fim do ano com um sorriso no rosto, pensando, nem vale a pena explicar porque os professores não entendem, e eles estão sempre me perseguindo...
   d. Vai falar com a professora depois da aula para explicar a situa-ção e pedir desculpas por ter se envolvido nisso.

1. Você chega em casa animada porque seu pai prometeu levá-la ao shopping para comprar um vestido novo para uma festa. Mas em vez de estar esperando você com as chaves na mão, ele está esperando com a vassoura. Ele pede a você para ajudá-lo a limpar a casa por conta de algumas visitas que vocês receberão hoje à noite. Você...

   a. Começa a chorar e grita: "Mas você me prometeu um vestido novo! Você mentiu para mim! O que eu vou vestir? Meu biquini?"
   b. Concorda com a cabeça e começa a limpar sem fazer perguntas, mas pensando: *Eu nem deveria ir mesmo ao baile. Eu não sei nem dançar.*
   c. Ri e diz: "Obrigada pai. E quantas promessas você vai quebrar nesta vida?"
   d. Começa a varrer, depois respira fundo e lembra seu pai respeitosamente sobre seu vestido. Você pergunta se o passeio ao shopping pode acontecer quando a casa estiver limpa.

Se você respondeu as letras a:

Por que os professores irritam você?

____

____

____

____

____

____

Seu pai é severo ou tranquilo em relação às regras? Como você geralmente responde às ordens dele?

____

____

____

____

____

____

____

____

Se você respondeu as letras b:

Você tende a concordar com situações injustas e aceitar a culpa? Se sim, por quê?

____

____

____

____

____

____

____

____

Seu pai lhe diz como você é maravilhosa ou ele aponta seus defeitos com mais frequência do que diz coisas positivas?

Se você respondeu as letras c:

É difícil pensar que os professores estão ao seu lado? Se sim, por quê? Como é seu relacionamento com os professores e a diretora de sua escola?

Quando, se alguma vez, seu pai deixou você triste?

Se você respondeu as letras d:

Por que é fácil manter um bom relacionamento com seus professores?

O que lhe dá a certeza de que seu pai a ama e quer estar sempre presente?

____

____

____

____

____

____

____

Relacionamento com você mesma

1. O time de vôlei da escola foi selecionado esta semana, mas você não passou. Em vez disso, você foi para o time júnior. Você...

   a. Fica com raiva, vai até o técnico e fala poucas e boas; depois entra para um time de clube. *O técnico vai se arrepender de não ter me escolhido*, você pensa.

   b. Vai para casa e decide nunca mais participar de seleção para nada. Afinal de contas, não tentar nada protegerá você de destruir suas esperanças de novo.

   c. Diz: "Tudo bem", e vai embora. Esqueça o time júnior! Não tem a menor chance de você jogar em um time idiota, com um técnico idiota que não liga para você — assim como todo mundo.

   4. Decide dar o melhor de si no time júnior. Só vai fazer de você uma jogadora melhor. Talvez ano que vem seja o seu ano!

Se você respondeu a:

Você se vê conseguindo tudo o que quer não importa como? Se sim, você acha isso uma coisa boa?

Se você respondeu b:

Você sempre acha que o pior vai acontecer? Se sim, por quê? Você se permite sonhar alto?

Se você respondeu c:

Alguém já disse que você tem talento? Você acredita em você mesma?

Se você respondeu d:

Você tende a ter pensamentos positivos ou negativos em relação a você? Por quê?

Bem, por que eu pedi para você escolher suas respostas? Eu queria que você buscasse em seu coração e pensasse por que você faz o que você faz. Falamos anteriormente sobre como os pais influenciam nosso estilo — como agimos e quem nos tornamos. De fato, eu aposto que seu pai influenciou muito as respostas que você colocou no *quiz* sobre meninos, amigos, outras pessoas e você mesmo sem você perceber. Vamos ir um pouco mais fundo no que isso quer dizer.

A Dr. Meg Meeker, médica há mais de vinte anos, escreveu o livro *Strong Fathers, Strong Daughters* [Pais fortes, filhas fortes] — um livro sobre a influência que um pai tem sobre suas filhas. Ela escreveu esse livro por causa do número de adolescentes que iam até seu escritório com problemas por conta de um pai ausente. Ela diz: "Você fica olhando para ver se ele mente ou conta a verdade, se é fiel a sua mãe, se trabalha pesado e se se impõe contra um comportamento errado no ambiente de trabalho assim como em casa. Noventa por cento da influência que um pai tem sobre a moral de sua filha vem de seu comportamento."[1]

Relacionamento com os meninos

Case comigo em Miami

Eu amo ouvir meus pais me contando como eles se apaixonaram.

Eles se formaram na mesma faculdade em uma cidade pequena a oeste do Texas, e os dois tinham se mudado separadamente para Miami, Flórida. Meu pai era ministro de uma igreja e minha mãe dava aulas na escola afiliada à igreja em que ele trabalhava. É engraçado ouvir as perspectivas diferentes deles. Se você perguntar a meu pai quando ele se apaixonou, ele vai lhe dizer que foi quando ele colocou os olhos nela pela primeira vez. Mas se você perguntar para minha mãe quando ela se apaixonou, ela vai dizer calmamente: "Hummm. Levou um tempo para mim. Primeiro eu só o achei engraçado e quis ser amiga dele. Depois, a amizade virou amor." Papai nunca desistiu. Tendo se apaixonado imediatamente pela minha mãe, ele insistiu até levá-la ao altar na mesma igrejinha de Miami onde o relacionamento começou.

Papai não parou de insistir com ela desde então. Ouvir a história deles e ver meu pai e minha mãe me ensinam a importância de um rapaz galantear uma moça. Eu não queria ser uma menina que dava em cima de um menino. Eu sabia que queria um menino que fosse verdadeiramente seguro para se aproximar de uma menina antes de ela se aproximar dele. Afinal, o que é mais difícil: um menino olhar em seus olhos e convidar você para sair ou passar uma mensagem de texto para você dizendo: "Quer sair?" Olhar alguém nos olhos é bem mais difícil que olhar para o teclado de um celular. Cada um de nós merece um homem que não vai escolher o caminho mais fácil. Então eu não era uma menina que iniciava a paquera, porque meu pai me ensinou quais eram as regras. Eu sei que eu mereço que insistam comigo, e você também merece.

Mas sem um pai amoroso, você pode ficar um pouco confusa sobre como interagir com meninos. Heidi costuma mandar em seu relacionamento romântico, mas isso sempre a faz sentir-se confusa e insegura. Jen não tem grandes expectativas sobre quem vai namorar, então se entrega a garotos que deixam sua moral comprometida ou que a tratam mal. Nikki nem quer falar com meninos, pois o primeiro homem em sua vida — seu pai — a machucou, então ela acha que qualquer homem irá machucá-la. A autoestima baixa de Christy faz com que ela pense que não merece um bom rapaz. Você pode nunca ter pensado nisso antes — que o exemplo de seu pai impacta claramente no modo como você se aproxima de meninos e no modo como você lida com eles.

Como você vê seus amigos

Recado do Max

Amizade — hospitalidade — é uma virtude que traz muita felicidade para quem doa e para quem recebe.
Quando você oferece hospitalidade aos outros, não está tentando impressionar as pessoas, está tentando refletir Deus nelas.[2]

Com que tipos de meninas e meninos você sai? Eles acrescentam algo em sua vida ou a deixam para baixo? Jordan, por exemplo, tem amigos acessórios: eles não necessariamente a encorajam ou desencorajam, mas Jordan parece muito popular quando ela e suas amigas passam pelo pátio da escola juntas de braços dados e em passos sincronizados. Amanda mantém amigos à distância, porque é mais fácil e mais seguro não ficar muito apegada a eles. Kate gosta de amigos indiferentes, porque eles se encaixam na depressão que ela vive. Finalmente, Maddie tem amigos íntimos, almas gêmeas — pessoas que a desafiam e podem ser desafiadas por ela.

Agora, pense em seu papel nos relacionamentos. Você é uma seguidora ou uma líder? Você é engraçada, fofoqueira, conselheira, dramática, briguenta ou outra coisa qualquer?

Os pais influenciam como olhamos nossos relacionamentos e como interagimos com nossos amigos. Eu tenho uma memória muito clara de meu pai me ensinando como tratar meus amigos.

A fofoqueira

Uma vez, quando eu estava indo para a escola no carro de minha mãe, aconteceu uma situação chata. Havia dois lugares no banco de trás e eu sentei ao lado de uma amiga, e minha irmã e uma amiga dela sentaram atrás da gente. Eu me abaixei e disse para a minha amiga que achava a amiga da minha irmã gorda. No momento em que eu disse isso, o carro ficou em silêncio. Eu congelei e meu coração ficou imediatamente apertado. *Ela me ouviu? Eu devo dizer alguma coisa*? Eu decidi matar o assunto. Quanto mais eu me calava, mais eu sentia um puxão. Eu tinha que sentir minha consciência.

Mais tarde naquele dia, contei ao meu pai o que eu havia falado. Ele explicou gentilmente que não é bom ir dormir com problemas mal resolvidos. Quanto mais rápido você se desculpar ou corrigir a situação, melhor você se sentirá. Ele me encorajou a ligar para ela e limpar minha consciência. A parte irônica da história é que acabei confessando o que fiz, mas ela nem tinha ouvido! Eu acabei me entregando! Mesmo assim, me senti bem sendo honesta e aberta. Papai me ensinou a ser uma boa amiga para os outros, mesmo quando não for fácil.

Dica de beleza

Rotina da hora de dormir

Resolver questões que estão pairando sobre nós antes de ir para a cama é um jeito maravilhoso de se preparar para uma boa noite de sono. Aqui estão algumas outras grandes rotinas noturnas que seu corpo apreciará.

- Comece a desempenhar atividades calmantes durante a hora de dormir e pouco antes disso. Dê a seu corpo uma chance de começar a diminuir o ritmo.
- Vá para cama o mais cedo possível. Isso pode ser difícil (pelo menos para mim), mas alguns cientistas dizem que uma hora de sono antes de meia-noite vale duas depois de meia-noite.
- Deixe todas as suas preocupações com Deus. Fardos iminentes mantêm você acordada e podem causar um sono agitado, e nós, meninas, precisamos de nossa soneca da beleza!

Meredith

Outro dia, eu estava conversando com Meredith, uma menina de 15 anos de Ohio, e eu lhe fiz algumas perguntas sobre sua vida em casa. Ela me disse que tem uma grande família, mas aí começamos a conversar sobre alguns de seus amigos.

— Eu sei dizer quando meus amigos vêm de um lar partido.

— Como?

— Bem, meus amigos que não vivem com pai e mãe tendem a me abandonar. Eu penso que seremos próximos e tal, mas, por alguma razão, elas simplesmente me abandonam. Já aconteceu várias vezes comigo.

Certamente isso não vale para todas as pessoas cujos pais são divorciados. Mas é totalmente compreensível que se uma menina cresceu vendo o pai deixar a mãe, seria muito duro ficar tão íntima de amigas, por medo de elas a deixarem como seu pai a deixou.

Talvez os amigos de Meredith sejam como você. Ou talvez sua vida seja mais como a de Tara. Ela cresceu com um pai que controla a casa usando força bruta. Ele é meio intimidador. Para lidar com sua ira, ela aprendeu a ser durona. Então, em relacionamentos, é duro para ela lidar com o lado emocional. Seu coração está calejado e na defensiva.

Como você olha para os adultos e membros da família

Autoridade

O modo como você trata os adultos e a família diz muito de seu estilo. Eu sei que isso soa entediante, porém, quanto mais respeito mostramos para aqueles que estão no comando, mais respeito temos em retorno. Eu sei que a palavra autoridade soa intimidadora, mas eu aprendi algo com minha grande amiga Hannah outro dia.

Hannah me disse que seu pai tem o mesmo emprego há 23 anos. E todo esse tempo ela não consegue se lembrar dele falando mal de seus chefes. Toda vez que ele tem um projeto grande ou um prazo impossível, ele vê isso como uma oportunidade para alcançar algo que ele não acha possível: ele vê isso como uma chance de dar o seu melhor.

Joyce Meyer tem uma história diferente. Ela escreveu um livro chamado *Beauty for Ashes* sobre sua vida com um pai abusivo. Por ela ter um pai controlador, ela tinha uma visão distorcida de autoridade. Ela viu todas as figuras que tinham certa autoridade como suas inimigas porque seu pai foi um exemplo pavoroso do que autoridade pode ser.[3] Por conta disso, ela fala sobre ter dificuldade de se submeter a seu marido e como levou anos para respeitar seu pai.

Como você responde à autoridade? Quando os professores dão um projeto grande e dão um prazo que parece injusto e realista, como você reage? Como você lida com seus pais quando eles pedem para você fazer alguma coisa que você não quer fazer?

Como você vê sua família

Pais podem definitivamente controlar o nível de amor dentro da casa.

Eu me lembro de ir viajar com um amigo durante as férias do ensino médio. Eu adorava todos os momentos da viagem, exceto quando o amigo do meu pai estava por perto. Talvez fosse só comigo, mas eu senti uma tensão só de ele entrar no quarto. Meus nervos ficavam à flor da pele porque os dele estavam sempre à flor da pele. Ele influenciava o astral do ambiente. Pais podem criar um astral negativo. Pais também podem criar um ambiente alegre e pacífico.

Recado do Max

Durante um período turbulento em minha adolescência, meu pai era a parte previsível da minha vida. Namoradas iam e vinham, mas papai estava lá.

Temporadas de futebol viravam temporadas de baseball e vinha o futebol de novo e papai estava sempre lá. Férias de verão, dias de baile, álgebra, primeiro carro, viagem do time de basquete — tudo tinha algo em comum: a presença dele.

E por ele estar presente, a vida foi calma. O carro sempre andou, as contas foram pagas e a grama ficava baixa. Por ele estar lá havia risos honestos e o futuro era seguro. Por ele estar lá, meu crescimento foi como Deus pretendia; um livro de histórias repleto da mágica e do mistério do mundo.

Ele tomava as decisões, terminava as brigas, ria vendo televisão, lia o jornal todos os dias e fazia o café da manhã aos domingos. Ele não fazia nada fora do comum. Ele só fazia o que todo pai deve fazer — estar lá.

Ele me ensinou como se barbear e como orar. Ele me ensinou a memorizar versos para a escola dominical e me ensinou que o errado deve ser punido e que o certo tem sua própria recompensa. Ele me ensinou a importância de acordar cedo e de ficar livre de dívidas. A vida dele expressou o difícil equilíbrio entre a ambição e a autoaceitação.

Papai nunca me disse uma palavra sobre sexo ou me contou sua história. Mas sei que se eu quisesse saber, ele me contaria. E tudo que eu tinha a fazer era perguntar. E sei que se eu precisasse dele, ele estaria lá.[4]

Como você se vê

Ao crescer eu via minha amiga Liz ficar confortável à sombra. Mas eu não estou falando de uma sombra quieta de uma árvore. Liz estava à sombra da sombra perfeita de sua irmã mais velha, que tinha coeficiente de rendimento alto na escola, talento musical, bolsa para uma universidade de prestígio, doutorado e sem mencionar sua beleza natural. Liz dava duro na escola. Ela saía de uma faculdade para outra, sem saber o que queria, sempre estando com um grupo de pessoas cuja motivação na vida era inexistente. Ela lidava com seu peso e seu cabelo enrolado com insegurança. E em vez de ter um pai que a encorajasse, ela tinha um pai que focava em seus erros.

Eu me lembro de ter me sentado com Liz um dia após outro fracasso em sua batalha com drogas. Ela já havia passado por todo o tipo de reabilitação várias vezes. Durante nossa conversa, eu lembro de ela dizer que estava finalmente tentando esquecer seu pai. Eu queria que tivéssemos conversado mais, porém, mental e emocionalmente, ela não estava pronta.

Eu não posso deixar de pensar se os anos que ela não viveu de acordo com os padrões de seu pai, e vendo sua irmã receber todo louvor, a fizeram insegura, contribuindo para um caminho sem saída do qual ela luta para se livrar dia após dia.

O modo como seu pai ama ou não ama você impacta diretamente em como você se sente sobre si mesma. Tire um minuto e pense se as palavras de seu pai machucam ou ajudam no modo como você se vê.

Por causa dele, você se sente mais, ou menos, bonita?

____

____

____

____

____

____

____

____

Para o bem ou para o mal, ver como nossos pais vivem nos ensina a viver, como ter relacionamentos, como amar a nós mesmos. Tantos acessórios básicos de nossa vida — como segurança, contentamento e amor aos outros — vêm do relacionamento com nosso pai. Mas não há garantias. Ter um pai bom não significa que todos os nossos relacionamentos serão perfeitos.

Nossos pais *vão* nos deixar para baixo. O que Deus estava pensando? Por que ele nos fez necessitar de um amor de pai se esse amor não é uma garantia de cura para uma vida de sofrimentos? Erro feio?

Não.

Plano perfeito.

Vamos descobrir por quê.

Capítulo 5
O plano perfeito

Quando o seu pai da terra erra com você, seu Pai celestial encontra você. É assim que o plano de Deus fica perfeito — não importa que tipo de pai você tenha.

Amor paterno não inclui apenas o amor de um pai que ronca no sofá, paga as contas de telefone e deixa você envergonhada na frente dos meninos que você acha bonitinhos. O amor de pai inclui o amor de mais um pai — o pai Perfeito.

E ele é um Pai que nunca comete erros. Um Pai que nunca nos deixará, nunca nos esquecerá. Um Pai que é sempre gentil, paciente e amoroso — e que nunca quebra uma promessa. Nada — e eu quero dizer nada — que fizermos irá nos separar do amor dele.

Embora nossos pais da terra tenham um grande impacto em quem somos, é apenas o amor do nosso Pai celestial que definirá quem somos. É apenas o amor desse Pai que pode nos fazer completos e preencher cada necessidade em nosso coração. E é apenas o amor desse Pai que pode determinar se nos vemos, aos outros e a Deus, de acordo com o nosso novo padrão de beleza — uma beleza que talvez nem saibamos que exista. Deus quer redefinir o conceito de beleza. São as impressões digitais dele que precisamos como acessórios; elas são as necessidades *fashion* e os elementos essenciais em nosso visual.

Recado do Max

Deus não é cego em relação aos seus problemas. Na verdade, Deus está pronto para dar a você o que sua família não deu.

Não teve um bom pai? Ele será seu pai.

Assim que já não és mais servo, mas filho; e, se és filho, és também herdeiro de Deus por Cristo. (Gálatas 4:7)

Não teve um bom modelo? Tente Deus.

Sede, pois, imitadores de Deus, como filhos amados. (Efésios 5:1)

Nunca teve um pai ou uma mãe que enxugasse suas lágrimas? Pense novamente. Deus percebe cada um de nós.

Tu contas as minhas vagueações; põe as minhas lágrimas no teu odre. Não estão elas no teu livro? (Salmo 56:8)

Deus é o melhor Pai do mundo!

Ele completa o visual totalmente. Conhecê-lo melhor como nosso Pai irá redefinir nosso visual de dentro para fora, nos tornando mais e mais bonitas.

Veja outra promessa legal:

Vede quão grande amor nos tem concedido o Pai, que fôssemos chamados filhos de Deus. Por isso o mundo não nos conhece; porque não o conhece a ele. (1 João 3:1)

Não ter um bom relacionamento com os pais pode ser uma coisa muito difícil para uma menina superar, mas nosso Deus está apto a ter um bom relacionamento se o deixarmos ter. Veja esta história de um menino que escolheu deixar Deus o definir, em vez do mundo e de seu passado.

Recado do Max

Talvez as lembranças de sua infância tragam mais dor que inspiração. As vozes de seu passado amaldiçoaram, diminuíram e ignoraram você.

E agora você se pega tentando explicar seu passado.

Conheci a história de um homem que deve ter tido esse tipo de pensamento. Sua herança familiar era trágica. Seu avô era um assassino que sacrificou seu próprio filho em um ritual abusivo. O pai dele era um punk que destruía casas e debochava dos crentes. Ele foi morto aos 24 anos... por seus amigos. Os homens eram típicos de seu tempo. Eles viviam em uma época em que as prostitutas se vendiam em templos. Magos tratavam doenças com cantos. As pessoas adoravam estrelas e seguiam o horóscopo. As pessoas davam mais valor à superstição e ao vodu que à educação das crianças. Foi uma época obscura em que nascemos. O que você poderia fazer quando seu avô era seguidor de magia negra, seu pai era um baderneiro e sua nação era corrupta?

Ele seguiu seus passos? Alguns presumiram que seguiria. Você quase podia ouvir as pessoas cochichando quando ele passava: "Vai ser igual ao pai."

Mas eles estavam errados. Ele não era. Ele reverteu as tendências. Ele desafiou as probabilidades. Ele se manteve como uma barreira contra as tendências de seu tempo e reformulou o futuro de sua nação. Suas conquistas foram tão impressionantes que ainda contamos sua história dois mil e seiscentos anos depois.

A história do Rei Josias. O mundo já viu reis mais inteligentes; já viu reis mais ricos; mais poderosos. Mas a história jamais viu um rei mais corajoso que o jovem Josias.

Ele folheou o álbum de sua família até encontrar um ancestral que valesse a pena seguir. Josias pulou a vida de seu pai e passou pela vida de seu avô. Ele deu um salto no tempo até encontrar o rei Davi e decidiu: "Vou ser como ele."

O princípio? Não podemos escolher nossos pais, mas podemos escolher quem seguir.

E já que Josias escolheu Davi (que escolheu a Deus), algumas coisas começaram a acontecer.

As pessoas destruíram os altares para os deuses Baal, conforme ele comandou.

Josias... quebrou os ídolos e... os transformou em poeira.

Ele quebrou todos os altares de incensos em toda Israel (2 Crônicas 34:4,5,7).

Deus era seu Deus. A fé de Davi era a fé de Josias. Ele encontrou o Deus de Davi e o fez seu Deus.

Uma geração inteira recebeu graças por conta da integridade desse homem.

Será que Deus o colocou na terra por essa razão?

Será que Deus o colocou na terra pelo mesmo motivo?

Talvez você não tenha muito para se orgulhar de seu passado. Talvez você tenha vivido o inferno. E agora você, como Josias, tem que fazer uma escolha. Você superaria o passado e faria a diferença? Ou você se mantém controlada pelo passado e só vive de dar desculpas?

Para que você encontre um ancestral que valha a pena imitar, você, assim como Josias, precisa voltar no tempo em seu álbum de família.

Se esse for seu caso, deixe-me mostrar para onde correr. Deixe o álbum de lado e pegue sua bíblia. Vá para o evangelho de João e leia as palavras de Jesus: "O que é nascido da carne é carne, e o que é nascido do Espírito é espírito." (João 3:6)

Pense nisso. A vida espiritual vem do Espírito! Seus pais podem ter lhe dado seus genes, mas Deus deu sua graça. Seus pais podem ser responsáveis pelo seu corpo, mas Deus controlou sua alma. Você pode parecer com sua mãe, mas você tem a eternidade de seu Pai, seu Pai celestial.

A propósito, ele não é cego diante de seus problemas. Na verdade, Deus está pronto para dar o que sua família não lhe deu.

Você tem escolha em sua vida. Você tem a escolha de qual caminho tomar.

Escolha bem e, algum dia, gerações depois de você — seus netos e bisnetos — vão agradecer a Deus pelo exemplo que você lhes deixou.[2]

Josias escolheu levar uma vida que dizia: "Eu sou um filho de Deus!" Agora é sua vez de dizer quem você é — uma linda filha de Deus (não fale tão alto a ponto de assustar as pessoas ao seu redor!) É isso! É o que importa! É o que Deus vê quando vê você e eu! Então, não devemos deixar ninguém definir quem somos — ou se somos bonitos ou não. O único que pode dizer quem somos é o nosso Pai perfeito.

Acessório básico da vida

Identidade — conhecendo quem nós somos e de quem somos

Existe uma paz maravilhosa que pode ser obtida sabendo quem você é e de quem você é. Muitas pessoas em sua vida tentarão dizer em que você é boa, em que você é ruim, o que você vai ser e como você vai terminar. "Você é tão amador" ou "Você nunca irá para a faculdade de medicina" ou "Ah, você é exatamente como sua mãe! Vai fugir com qualquer cara que você conheceu."

Apenas lembre-se de que Deus é a primeira e única autoridade em sua vida que pode dizer a você exatamente quem você é e aonde você vai.

De quem ele diz que você é? Dele.

Para onde ele diz que você está indo? Para onde quer que ele mande você. E, garota, ele tem GRANDES planos para você (veja em Jeremias 29:11)!

Deus sabe exatamente o que cada um de vocês precisa para ser a pessoa que ele criou para ser e ele quer oferecer tudo para esse visual essencial. Apenas ele pode nos dar o que é necessário para sermos verdadeiramente belas. Observe estes versículos e veja que Deus não apenas fez você, mas ele não mediu esforços para criar seu *look* único e lindo.

Mas agora, ó SENHOR, tu és nosso Pai; nós o barro e tu o nosso oleiro; e todos nós a obra das tuas mãos. (Isaías 64:8)

Pois possuíste os meus rins; cobriste-me no ventre de minha mãe. (Salmos 139:13)

Nenhum pai é perfeito, mas Deus nos deu o exemplo perfeito de como devemos ver nossos relacionamentos e nós mesmos. Então, vamos trazer seu Pai perfeito para o plano do relacionamento. Porque para Deus tornar nosso relacionamento com meninos, amigos e nós mesmos mais bonitos, temos que garantir que falaremos sobre o relacionamento que nos importa mais: você e Deus.

Capítulo 6

Muito prazer

Tenho quatro melhores amigas e cada uma delas é linda do seu próprio jeito. E preciso dizer uma coisa: eu nunca teria imaginado que essas quatro meninas se tornariam minhas melhores amigas. Quando conheci Callie, sua calça capri rosa-choque e sua blusa listrada laranja e rosa-choque eram tão chamativas que eu pensei que fosse ficar cega. Tia e Whitney eram praticamente gêmeas siamesas. Elas costumavam deixar o dormitório inteiro acordado até as três da manhã fazendo exercícios e jogando videogame. Até hoje elas têm calos permanentes nos dedões de tanto jogar *Super Mario Brothers*. E Beth era tão meiga e inocente que pensei que fosse assustá-la com meu jeito de falar alto. Seu quarto estava sempre limpo e cheirava a roupa lavada. Como minha noção de lavar roupa era borrifar removedor de odor em cima dela, meu quarto era tão limpo quanto as unhas mofadas dos pés do meu avô. Eu nunca imaginei que nossos corações fossem se ligar como se ligaram.

A primeira coisa que eu fiz com essas quatro garotas fantásticas foi o que todo mundo faz às vezes quando conhece as pessoas: antes de conhecê-las, eu as rotulei. Eu me culpo por isso o tempo todo! *Ela parece ser esnobe. Ele parece idiota. Ela parece ser louca.* Eu automaticamente suponho que sei que tipo de pessoa ele ou ela deve ser, simplesmente me deixando levar pelas aparências.

Ao conhecer minhas amigas como elas são de verdade, descobri que Callie me inspira por correr atrás de seus sonhos. Tia me surpreende com sua transparência e habilidade de instantaneamente se unir às pessoas. Whitney me ensina as coisas com conselhos e sabedoria religiosa, e Beth me entende e sempre se identifica com minhas dificuldades.

Nossa impressão inicial de uma pessoa às vezes pode estimular ou destruir um relacionamento. Com base em minha primeira impressão dessas quatro garotas, eu nunca esperaria que nos tornássemos irmãs para sempre. Se eu não tivesse superado quem *eu* pensava que elas fossem, se eu não tivesse deixado que *elas* me mostrassem quem elas são de verdade, teria perdido alguns dos melhores relacionamentos que tenho em minha vida.

Pense na primeira vez em que viu sua melhor amiga. Qual foi sua primeira impressão sobre ela? Qual a diferença, agora que você realmente a conhece?

Impressões de Deus

Da mesma forma que julgamos as pessoas por nossas primeiras impressões, muitas vezes fazemos o mesmo com Deus. Qual foi sua impressão inicial sobre Deus? Quando alguém diz "Deus", que particularidades vêm em sua cabeça imediatamente? Escreva algumas palavras que descrevam Deus:

Algumas pessoas podem escrever *sinistro*, porque imaginam um Deus que joga bolas de fogo e castiga qualquer um que não passe o fio dental antes de ir para a cama ou — pior — tem dúvidas, pecados ou dificuldades. Outros podem imaginar um velho de barba. Ele sorri bastante, sentado em um sofá de nuvens, mas só isso. Ele não é muito ativo, e não se importa muito em se envolver na vida de um ser humano. Às vezes, eu imagino um Deus "Gênio na Garrafa" que deveria me dar qualquer coisa que eu queira. A maneira como imaginamos Deus pode ser fundamentada no que outras pessoas disseram ou no que imaginamos que ele seria. A verdadeira questão é: você já o conheceu de verdade?

Recado do Max

Quando minha filha Jenna tinha 6 anos, eu a vi de frente para um espelho enorme. Ela estava olhando garganta abaixo. Perguntei a ela o que estava fazendo e ela respondeu: "Estou vendo se vejo Deus em meu coração."

Eu me virei e ri, e depois a ouvi dizer: "Você está aí?" Quando nenhuma resposta veio lá de dentro, ela ficou impaciente e falou por ele. Com uma voz tão profunda quanto uma criança de 6 anos consegue ter, ela disse: "Sim."

Ela está perguntando a coisa certa. "Você está aí?" Será que o que eles dizem é verdade? Não foi o suficiente para você aparecer em um arbusto no templo? Não foi o suficiente para você se tornar humano e andar pela Terra? Não foi suficiente deixar sua palavra e a promessa de retorno? Você tinha que ir além? Tinha que estabelecer residência em nós?

"Acaso não sabem que o corpo de vocês é santuário do Espírito Santo", disse Paulo, "que habita em vocês, que lhes foi dado por Deus, e que vocês não são de si mesmos?" (1 Coríntios 6:19).

Talvez você não soubesse. Talvez você não soubesse que Deus iria tão longe para ter certeza de que você fosse para casa. Se não sabia, obrigada por me deixar lembrá-la.

Se você nunca encontrou o verdadeiro Deus de verdade, eu adoraria que você o conhecesse pela primeira vez. Algumas de vocês podem ter conhecido Deus por um tempo. Se sim, isso é ótimo! Outras talvez não soubessem que se poderia encontrar Deus de forma alguma. Tudo bem! Onde quer que você esteja, faça-me um favor: abra seu coração para ouvir Deus dizer quem você realmente é.

O ladrão do ventilador de teto

Sempre preciso fazer xixi no meio da noite. Eu fico com tanta raiva! Fico tão frustrada quando minha bexiga está agonizando de dor e me acorda no meio de um sono profundo... Parte do motivo pelo qual odeio isso é porque tenho medo do escuro. Eu fico um pouco nervosa por causa de sombras na parede e barulhos. Algumas vezes ligo o abajur apenas para provar para mim mesma que não há nenhum monstro assustador no quarto.

Um dia, não havia ninguém em casa e eu estava prestes a entrar. Mas antes de virar a maçaneta, eu vi uma sombra se mexendo lá dentro. Achei que um ladrão estivesse em casa. Corri para a casa da vizinha para pedir que ela fosse lá em casa comigo, e descobri que o ventilador de teto estava fazendo uma sombra na parede. Então lá estava eu com uma vizinha que eu nunca tinha visto, pedindo para que ela me ajudasse a lutar contra um ventilador. Sim. Meio constrangedor.

Qual foi a coisa mais constrangedora que assustou você, mas que no fim das contas não era nem um pouco assustadora?

____

____

____

É tão fácil viver nossa vida toda achando que vemos Deus pelo que ele realmente é... Achamos que já sabemos tudo sobre ele. Achamos que sabemos qual a aparência de Deus — o tipo de Deus que ele é — quando, na realidade, não permitimos que ele acenda a luz. Construímos nosso conhecimento sobre ele em uma sombra distorcida de quem ele realmente é.

Algumas vezes, fico muito assustada para abrir meu coração para ele. Tenho muito medo de ver Deus como ele realmente é porque aí minha vida, minhas crenças e tudo que eu acho que sei, poderia mudar. Prefiro me esconder atrás de um Deus que eu criei em minha cabeça, pois posso viver minha vida da forma que eu quero. Com frequência, estabeleço minhas impressões erradas do como acho que Deus seja, em vez de deixá-lo me mostrar a verdade sobre ele.

A parte legal é que, quando começamos a ver Deus pelo que ele realmente é, coisas incríveis podem acontecer...

Dica de
beleza

Vendo claramente

Não passamos tempo suficiente pensando no quão importante nossos olhos são, mas essa é uma área que temos que observar.

- Coma alimentos ricos em Vitamina A para uma boa saúde dos olhos: batata doce, cenoura, abóbora e melão são ótimas opções.
- Coloque pedaços gelados de pepinos em suas olheiras. Acrescente uma máscara plástica para uma sessão

de mimos (Ou apenas para assustar seu irmão mais novo!).

- Mantenha seus olhos limpos após a maquiagem para prevenir infecções. Veja na internet ótimas dicas de cores e métodos para ressaltar a beleza da forma e da cor de seus olhos.

Desista de brigar com sua mãe por ser muito nova para usar lentes de contato. Já viu todos os modelos de óculos que existem hoje em dia? Escolha um bonitinho, com moldura moderninha, e arrase!

iPhone

Minha mão acabou de comprar um iPhone. Você deve estar pensando: *Uau, é muito legal que sua mãe seja tecnologicamente moderna*. Pense de novo...

O iPhone pode fazer quase tudo nos dias de hoje. Você coloca música, filmes, fotos e jogos. Ele tem aplicativos para jogos, checagem de sua condição física; encontra a loja mais próxima, malha, faz a cama e lixa suas unhas — tudo isso, e é um telefone também! (Ok, eu exagerei as últimas duas ou três capacidades do iPhone, mas uma dia isso irá acontecer.) Com todos esses aplicativos ao alcance de seus dedos, as únicas coisas que minha mãe faz com o iPhone é ligar e mandar torpedos — e os torpedos já foram um grande passo para ela. Está bem, ela também está ficando boa em abrir e-mails. Preciso lhe dar crédito por isso.

Sempre que eu mostro a ela um novo truque que o telefone pode fazer, ela engasga: "Eu não sabia que meu telefone podia fazer isso!"

Quando deixamos que Deus nos mostre tudo que ele pode fazer — quando paramos de supor que sabemos tudo sobre ele e deixamos que ele nos ensine quem ele é de verdade — nós engasgamos: "Eu não sabia que meu Deus podia fazer isso!"

Está na hora de acender as luzes, querida! Está na hora de enxergar além da fraca sombra do Deus que você conhece. Está na hora de deixar Deus ensinar a mim e a você como ele quer que o enxerguemos.

Então, como Deus quer que o enxerguemos?

Primeiro, Deus quer que o enxerguemos como nosso pai.

Recado do Max

Foi o canto dela que o fez. Inicialmente eu não o notei. Não tinha nenhuma razão para notar. As circunstâncias eram um lugar-comum. Um pai buscando sua filha de 6 anos no encontro das bandeirantes. Sara adora brownies; ela adora os prêmios que ganha e o uniforme que veste. Ela havia subido no carro e me mostrado seu novo crachá e o biscoito recém-assado. Eu tinha pegado a estrada, ligado a música favorita dela e direcionado minha atenção a assuntos mais sofisticados sobre prazos e obrigações.

Mas apenas alguns passos para dentro do labirinto e eu saí rapidamente. Sara estava cantando. Cantando sobre Deus. Can-

tando para Deus. Com a cabeça para trás, o queixo para o alto e os pulmões cheios, ela encheu o carro de música. As harpas do céu pararam para ouvir.

Essa é minha filha? Ela soa mais velha. Ela parece mais velha, mais alta, até mais bonita. Será que eu perdi alguma coisa? O que aconteceu com as bochechas gorduchas? O que aconteceu com o pequeno rosto e os dedos gordinhos? Ela está se tornando uma mocinha. Cabelos louros até os ombros. Os pés balançavam na cadeira sem tocar o chão. Alguma hora da noite uma página virou e, bem, olhe para ela!

A música parou e Sara também. Eu tirei a fita e coloquei minha mão em seu ombro e disse: "Sara, você é especial." Ela virou e sorriu. "Algum dia, um menino com pernas cabeludas irá roubar seu coração e levá-la para o próximo século. Mas, agora, você pertence a mim."

Ela sacudiu a cabeça, olhou para longe um minuto, depois olhou para trás e perguntou: "Pai, por que você está agindo tão estranho?"

Eu acredito que tais palavras soassem estranhas para uma menina de 6 anos. O amor de um pai parece estranho aos ouvidos de uma criança. Minha emoção estava além dela. Mas não me impediu de falar.

Não tem como nossas mentes tão pequeninas compreenderem o amor de Deus. Mas isso não o impediu de vir.

E nós, também, balançamos nossa cabeça. Como Sara, nos perguntamos o que nossos pais estavam fazendo. Do berço em Belém até a cruz em Jerusalém, ponderamos o amor de nosso Pai. O que você pode dizer sobre esse tipo de emoção? Ao aprender que Deus preferiria morrer que viver sem você, como você reage? Como você pode começar a explicar tal paixão?[2]

Não podemos compreender o Deus do universo cantando para nós, se divertindo conosco, mostrando aos anjos, dizendo: "Aquela é a minha menina. Ela não é bonita?" Mas esse é o tipo de Pai que temos!

Existem duas histórias que eu quero dividir com vocês para mostrar o tipo de Pai que Deus é. Você pode até ter ouvido falar delas antes, mas gostaria de contar em minhas próprias palavras. Eu prometo ajudar a usar estas histórias em sua própria vida. Quando você fizer isso, nunca mais será a mesma.

História número um: Isme tem problemas (Gênesis 16:1-16; 21:1-20)

Então havia esse menino chamado Ismael. Vamos chamá-lo de Isme para encurtar.

Bem, Isme tinha problemas — e quem não tinha, tendo nascido no tipo de bagunça emocional em que ele estava! Seu pai, Abrão (vamos chamá-lo de Aba) era casado com Sarai quando ele teve um bebê com a mãe de Isme, Hagar. Você pode imaginar a tensão que o nascimento de Isme trouxe entre Hagar e Sarai. E para piorar, eles viviam todos juntos — uma grande família bagunçada.

Para alguns de nós pode ser fácil ficar ressentido com Deus porque nascemos no meio de uma bagunça. Talvez você nunca tenha conhecido seu pai. Você pode, compreensivelmente, achar complicado ver seu pai tendo outra mulher como esposa, uma mulher que não é a mamãe. Isme soube como era isso. Na verdade, a situação dele ficou pior.

Quando Isme fez 14 anos, a esposa de Aba, Sarai, acabou tendo um menino. Por 14 anos, Isme teve toda atenção que ele precisava de seu pai e agora tinha essa nova criança — esse milagre tão celebrado que a esposa de Aba jamais pensou ter.

Que meio-irmãos ou irmãs interromperam sua vida? Talvez alguns dias você se sinta como uma criança esquecida, em segundo lugar e precisando competir pela atenção do pai. Ou seu pai e sua mãe ainda estão juntos, mas você tem de brigar pela atenção deles.

Justamente quando Isme achou que sua vida não poderia ficar pior, Sarai decidiu que Isme e sua mãe deveriam ir embora. Afinal, Sarai e Aba finalmente tiveram o filho que ele sempre quis. Então ela mandou Isme e Hagar embora! Isme queria ver seu pai lutando por ele. Enquanto ele ia embora com suas malas feitas, Isme ansiou que seu pai viesse correndo atrás dele, que o puxasse, e dissesse: "Não vá embora! Eu não o deixarei ir! Viva comigo!" Mas isso não aconteceu. Seu pai ficou de pé e os viu ir embora. Isme continuou olhando para trás a fim de ter a última visão do pai que ele provavelmente não veria de novo. Ele tentou ser forte, mas assim que a face de seu pai se tornou distante, as lágrimas escorreram em seu rosto.

Muitas crianças hoje têm a mala para a casa da mãe e para a casa do pai. A cada semana eles vivem com um dos pais. Eles odeiam ter que deixar um deles, mas eles amam ver o outro. Em algumas dessas situações, o pai tem uma esposa diferente e um bebê novo. Parece que ele escolheu uma nova família. Soa familiar? Talvez você tenha tentado ficar forte e tentou se convencer de que isso não magoa, mas, na verdade, faz seu coração chorar. Você não está sozinho.

Hagar e Isme vagaram pelo deserto até a água e a comida acabarem. Eles não tinham para onde ir e nem quem os acolhesse. Só podemos imaginar que Isme estava zangado com seu pai, mas o amava. Odiava seu pai, mas sentia saudade dele. Queria que seu pai o protegesse e o abraçasse. Queria que seu pai o protegesse e dissesse que tudo ficaria bem.

Todos esperamos sentir que teremos alguém que irá nos abraçar, nos dar proteção, mas muitos de nós sentimos que não temos mais. Nessas horas, podemos começar a desistir da vida e até mesmo desistir de nós mesmos. Podemos também nos sentir perdidos, lutando contra quem nós somos e aonde nós vamos.

Quando Isme e sua mãe estavam prestes a desistir, Deus apareceu. Deus ouviu Isme chorar, e o anjo de Deus falou a Hagar: "Deus ouviu o choro do menino, e o anjo de Deus, do céu, chamou Hagar e lhe disse: 'O que a aflige, Hagar? Não tenha medo; Deus ouviu o menino chorar, lá onde você o deixou. Levante o menino e tome-o pela mão, porque dele farei um grande povo'" (Gênesis 21:17,18). Deus, em seguida, lhes deu água para beber e tomou conta deles.

E isso não é tudo. A Bíblia diz que Deus estava com Isme durante todo o seu crescimento. Deus não deixou Isme crescer sem um pai. Ele era o pai perfeito para Isme. Ele deu o que Isme precisava, o protegeu, e deu a ele um sonho e um propósito de vida. No fim, a Bíblia conta, Ismael começou sua própria família e seus descendentes foram numerosos.

Essa história realça como Deus é como pai. Que qualidades de pai Deus tinha na história?

____

____

____

____

____

____

Circule as frases que descrevem o tipo de pai perfeito que você e eu temos em Deus:

O Senhor lhe apareceu no passado, dizendo: "Eu a amei com amor eterno; com amor leal a atraí." (Jeremias 31:3)

Pois no dia da adversidade ele me guardará protegido em sua habitação; no seu tabernáculo me esconderá e me porá em segurança sobre um rochedo. (Salmo 27:5)

Ainda que me abandonem pai e mãe, o Senhor me acolherá. (Salmo 27:10)

Ele realiza os desejos daqueles que o temem; ouve-os gritar por socorro e os salva. (Salmo 145:19)

Recado do Max

Seria suficiente se Deus apenas limpasse seu nome, mas ele faz mais. Ele dá a você o nome dele. Seria suficiente se Deus libertasse você, mas ele faz mais. Ele leva você para casa para a Grande Casa do Pai.

Pais adotivos entendem mais isso que ninguém. Nós, pais biológicos, sabemos bem do prazer da espera de ter um bebê. Mas em muitos casos nossos berços foram preenchidos facilmente. Decidimos ter um filho e um filho veio. De fato, algumas vezes a criança veio sem planejar. Eu já ouvi falar em gravidez não planejada diversas vezes, mas nunca em adoção não planejada.

Por isso, os pais adotivos entendem a paixão de Deus por nos adotar. Eles sabem o que significa um espaço vazio lá dentro. Eles sabem o que é caçar, estabelecer uma missão e ter responsabilidade por uma criança com um passado marcado e um futuro duvidoso. Se alguém entende o ardor de Deus por seus filhos, é alguém que resgatou um órfão abandonado, pois foi isso que Deus fez por nós.

Deus adotou você. Deus buscou você, encontrou, assinou os papéis e levou você para casa.[3]

Por intermédio da Bíblia, Deus pede para que a gente o conheça como seu pai. Conhecer Deus como meu pai mudou tudo em mim. Fez minha vida muito mais bela. E pode fazer o mesmo para você.

História número dois: a história sem título

(Esta história é tão boa que eu estaria fazendo uma injustiça se lhe desse um título. Veja os livros Mateus, Marcos, Lucas ou João para a história inteira sobre Jesus. É tudo incrível!)

O pensamento causou pânico nele. Ele sabia desde o começo que esse dia seria sombrio, mas também sabia que a luz estava bem próxima.

Trinta e três anos se passaram na Terra após Deus ter mandado seu filho Jesus para viver entre sua criação. E agora, o dia em que os céus tremeram — e o dia em que o inferno iria regozijar — estava aqui: Jesus ia morrer. Embora tivesse todo poder do mundo para salvar seu filho, Deus não fez isso.

Embora você não saiba o que é ser um pai, você deve ter perdido alguém querido. Se não, tente imaginar como seria perder alguém em sua família. E se você soubesse antes do tempo que a pessoa que ama iria morrer? Você não ia querer salvar e proteger a pessoa?

Para Jesus, a distância entre o céu e a terra era mais longe que uma família do século XXI pode imaginar. E quando digo "distante", não quero dizer no sentido de quilômetros; quero dizer no sentido de... bem... tudo. Eu sei que achamos difícil tentar aprender uma nova língua ou comer comida diferente. Mas Jesus foi da realeza à pobreza, de ter mãos para segurar as estrelas a mãos que seguravam madeira, de possuir uma voz que falava à criação a ter uma voz que gaguejava durante a puberdade. Deus se tornou homem.

Foi durante esses trinta e três anos na terra que Jesus anunciou que era filho de Deus e que, por meio dele, as pessoas poderiam ter a vida eterna.

Imagine ser uma das pessoas ouvindo os sermões de Jesus. Você teria acreditado nele ou diria que ele era louco? Se eu estivesse lá e alguém me perguntasse qual seria minha impressão inicial de Jesus, eu provavelmente teria dito que ele era um louco. Mas ao mesmo tempo, ele definitivamente tinha um olhar que me deixaria curiosa. Você já encontrou alguém gentil, com olhos suaves e um brilho inexplicável que chamou sua atenção? Eu gosto de pensar que se eu encontrasse Jesus na terra, ele seria igual a uma dessas pessoas.

Jesus fez milagres após milagres. Ele alimentava os pobres e andava com pessoas com quem ninguém mais queria andar. Mas os milagres e sua gentileza não eram seu único propósito ao abandonar o paraíso e vir para cá. Ele tinha um propósito maior — morrer.

Eu sei que é muito ruim ficar de castigo na escola sábado de manhã, sabendo que três horas de faxina na escola esperam pela gente. Eu sei que é horrível ir para casa depois da escola com uma advertência sabendo que a mamãe vai perguntar sobre isso. E eu sei que é muito chato passar metade das férias na casa da vovó assistindo às reprises de Show do Milhão o dia inteiro. Mas ir para um lugar sabendo que você vai morrer lá? Isso é uma história completamente diferente.

A grandiosidade da vida de Jesus na terra foi porque ele escolheu vir. Ele não tinha que vir!

Eu tenho certeza de que se estivesse vivendo no paraíso ao lado direito de Deus, não tinha jeito de ser voluntária e viver trinta e três anos na terra, onde passaria por doença, crueldade, fome, desentendimento, rejeição, traição, solidão... Jesus veio não apenas para passar por tudo isso, mas também — e ele sabia disso — para morrer e ter a experiência da separação de seu pai.

Jesus não tinha de morrer em uma cruz. Ele poderia ter morrido de forma rápida, sem dor e menos cruel que seis horas pendurado em uma cruz. Mas ele morreu de uma das formas mais cruéis para que nossos pecados mais cruéis fossem perdoados.

Pense a respeito das diferentes coisas que podemos sacrificar por alguém. Podemos desistir do fim de semana e ser voluntários em um bandejão, por exemplo.

Podemos perder nosso programa de televisão favorito e ajudar nossa irmã mais nova com o trabalho de casa. Podemos dar nossa mesada para um desabrigado na rua. Não são coisas fáceis, eu sei. Mas nada do que fazemos — nada que ninguém tenha feito — pode ser comparado ao sacrifício que Deus fez.

Por que Jesus tinha de morrer? Bem, aqui está o dilema: Deus é perfeito. Nós... bem, obviamente não somos. Porque Deus é bom e justo, a coisa certa a fazer com toda nossa confusão seria nos punir para sempre e não nos deixar viver com ele no paraíso. Mas já que Deus nos ama demais para nos ver morrer como resultado de nosso pecado, ele fez com que seu filho tomasse nosso lugar como o sacrifício perfeito, assim todos os nossos pecados poderiam ser perdoados.

A Bíblia diz que Jesus, que não conhecia pecado (significando que ele era perfeito), se tornou pecado (ele levou todos os nossos erros). Por meio de Jesus, Deus nos quis ver limpos e bons (2 Coríntios 5:21).

E quando os demônios do inferno pensaram que tinham vencido porque o filho de Deus estava morto, quando os anjos estavam balançando suas cabeças de tristeza, a terra começou a tremer. Os guardas que protegiam a sepultura de Jesus tremiam de medo. A pedra que bloqueava a entrada da sepultura começou lentamente a rolar.

Jesus levantara dos mortos! Jesus conquistou a morte e o pecado por nós. Por causa de Jesus, Deus nos deu o presente de nos juntarmos à sua família e viver com ele para sempre.

Eu adoro um final feliz — por isso adoro filmes da Disney. Mas nunca assisti ou li uma história que tivesse um final como esse. Nessa história, você e eu recebemos o melhor final já visto: somos adotados como filhas de Deus! Pense nisso por um minuto. Você e eu somos filhas do mesmo Deus que criou as estrelas, o mesmo Deus que inventou a respiração, o mesmo Deus que fez os mares e os peixes e os pássaros no céu! Este é o nosso pai!

Capítulo sete

Meu vício pelo Facebook

Eu tenho um vício. Não são cigarros. Não é álcool. E, não, acredite, não são compras. Sou viciada em meu Facebook.

Se você nunca ouviu falar do Facebook, deixe-me dizer algumas coisas sobre ele. É uma ferramenta online onde as pessoas podem manter contato com amigos. As pessoas postam um perfil, colocam fotos delas mesmas, têm um mural de recados e compartilham informações pessoais. Posso ficar horas e horas acordada olhando a vida de meus amigos no Facebook. Eu me perco vendo as fotos das férias da minha amiga no Havaí. É como se eu estivesse lá com ela, na praia, tomando água de coco e rindo quando a maré vem um pouco mais acima e encontra meus dedos dos pés, dizendo um "oi". Eu me perco na foto do aniversário que eu não fui, de outra amiga. Eu ouço os convidados cantando "parabéns" e sinto o cheiro de fumaça que fica logo após ela ter apagado a vela em cima do bolo.

Viu? Eu tenho um problema! Até mesmo agora que eu não estou no Facebook, eu me vejo pensando sobre ele.

Bem, todo meu tempo no Facebook me fez pensar sobre relacionamentos e todas as opções pessoais no perfil do Facebook. Opções como *status* do relacionamento, que dá a chance de você decidir a vida afetiva de alguém, como "Solteiro", "Em um relacionamento sério", "Em um relacionamento enrolado" e "Amizade colorida".

Agora que estamos começando a ver Deus como nosso pai, ganhamos uma transformação gratuita da vida. Nosso visual começa a mudar. Começamos a nos ver de fato como filhas dele. Quando temos um pai que nos chama de bonita, começamos a nos ver como bonitas também. Mas não da forma como o mundo define *bonita*. O que Deus nos ajuda a reconhecer é uma beleza interior, que vem acompanhada por segurança, valor, amor, autocontrole, paz, alegria e contentamento.

Finalmente enxergamos o que Deus vê quando ele nos olha!

E não para aí. Também começamos a enxergar os outros da forma como Deus faz. Se uma amiga virou as costas para a gente, a amargura em relação a ela vira perdão. Se sempre imploramos atenção de garotos, aqueles anseios doentios evaporam por causa da atenção que Deus nos dá. É assim que Deus começa a redefinir para nós o que são relacionamentos.

Mas o lance é este: não podemos supor que tudo ficará instantaneamente no lugar. Deus quer que passemos um tempo conhecendo-o como nosso pai. Ele quer um relacionamento pai/filha conosco. Quanto mais o conhecemos como nosso pai, mais nossa vida muda.

Eu sou a primeira a admitir que um relacionamento com Deus pode parecer complicado, então vamos falar sobre isso. Eu prometo falar de uma forma divertida.

Lembra todas as opções de *status* de relacionamento no perfil do Facebook? Bem, qual destes *status* do Facebook descreveria sua relação com Deus hoje?

Solteira: Não, obrigada. Eu sou uma menina independente e não me preocupo em ter um relacionamento com Deus.

Em um relacionamento sério: Eu amo Deus. Tento passar um tempo com ele e falar sobre minha vida. Estou tentando conhecê-lo e fazer com que ele me conheça.

Amizade colorida: Eu acho que acredito em Deus e tento amá-lo algumas vezes, mas não quero me comprometer totalmente com ele. Eu gosto de fazer coisas de que Deus pode não ser grande fã — festas nos fins de semana, farrear com meu namorado ou vestir roupas que Deus não escolheria. Então em casa e na igreja eu estou com Deus, mas na escola e nos fins de semana, eu meio que o deixo de lado.

Em um relacionamento enrolado: Eu tentei ter "um relacionamento sério" com Deus, mas é difícil! Eu não posso vê-lo, tocá-lo ou ouvi--lo. Algumas vezes me pergunto se ele se importa com minha vida. E a Bíblia parece tão chata!

Só para mostrar a você que um relacionamento com Deus pode mudar uma vida, deixe-me contar minha história.

Mudando o status do meu relacionamento

Cresci como filha de pastor, e ouvi falar em Deus minha vida inteira. Meu pai liderava todas as noites o que nossa família chamava de "hora devocional da família", e ele faria a Bíblia ganhar vida. Uma vez, quando ele estava nos contando a história da Bíblia sobre Deus enviar maná do céu para os israelitas (Êxodo 16), papai colocou uns biscoitos no ventilador de teto quando não estávamos olhando. Quando ele ligou o ventilador, eles voaram. Era para ser como maná do céu, mas soubemos assim que os biscoitos bateram em nossa testa que ele não tinha ido além da nossa despensa para encontrar os biscoitos "celestiais". Isso tudo para dizer que eu estava familiarizada com a Bíblia. Meus pais me ensinaram sobre Deus. E eu adorava isso! Realmente adorava! Até... o ensino médio.

O ensino médio foi difícil. Não só comecei a questionar as coisas, mas também a ficar rebelde. Tornei-me o estereótipo rebelde da filha do pastor que fugia de casa e ia para festas beber e fumar com os amigos. Acho que foi porque eu estava cansada de meus colegas ficarem rindo de mim por conta de minha fé, então cheguei a uma decisão: *eu quero ser legal. Jesus não é legal. Então vou abandonar Jesus.* No mundo do Facebook, isso se chamaria mudar seu *status* de "em um relacionamento sério" para "solteira".

Eu me senti muito bem em relação a essa decisão por um tempo, mas depois, me senti mais perdida que nunca. Não sabia quem eu era. O novo visual que estava experimentando — a vida maneira de festas — não estava funcionando para mim. Minha vida estava cheia de drama, confusão e insegurança. Embora por fora parecesse que eu tinha tudo isso, quanto mais eu tentava ser popular, mais insegura me sentia, porque não conseguia ser eu mesma. Estava sendo quem as pessoas queriam que eu fosse.

Ficava muito irritada com minha mãe toda vez que eu saía para ir à escola. Ela ficava de pé na porta — enquanto eu irritadamente ia para o carro — e dizia: "Espere. Quero ler este trecho da Bíblia para você!" Naquele ponto da minha vida, a Bíblia era o último livro que eu queria ler. Já tinha passado o tempo em que a Bíblia me trazia contentamento. Agora os versículos da Bíblia eram apenas um desperdício de 30 longos segundos durante minha contagem de 15 minutos para o primeiro período. Mas eu acho que aquelas vezes em que mamãe lia trechos da Bíblia para mim acabaram ajudando muito, mais do que eu percebi, porque durante meu primeiro ano, alguma coisa me fez acordar.

Não era uma mensagem de Deus escrita para mim nas nuvens. Não era um show de fogos em meu coração. Não era um grande milagre ou um desastre o que mudou meu coração. Era o ritmo constante das preces de meus pais, o cuidado do meu ministro da juventude e as conversas com amigos cristãos. Por meio de tudo isso, Deus me mostrou que estava insistindo em mim e que queria me mostrar algo. Naquela época, não tinha certeza do que poderia ser. Mas senti como se Deus estivesse me dizendo: "Ei, tem muito mais do que você acha."

E isso foi bom, porque as festas não funcionaram para mim. Elas só me levaram a lembranças desconcertantes dos meus vômitos no banheiro. Só para você saber, ficar bêbada e coberta de vômito não é bonito. De forma geral, minhas tentativas de ser popular não me ajudaram muito também. Percebi que estava tentando me encaixar com pessoas que não me amavam pelo que eu era, e qual a graça disso? As festas que frequentava, os namorados que escolhia, os amigos com que andava, as mentirinhas que contava, as fofocas que ouvia — tudo isso estava me transformando lentamente em alguém que não fui criada para ser. E eu estava pronta para descobrir quem Jenna Lucado era de fato! Estava pronta para viver uma vida de significados. Então toda essa coisa de relacionamento com Deus parecia interessante pela primeira vez. Eu mudei meu *status* de relacionamento novamente, de "Solteira" para "Amizade colorida". Permitia que Deus entrasse em minha vida em casa, na igreja, mas eu ainda não estava pronta para dizer adeus a um grupo de amigas que desencorajavam minha fé ou para namorar garotos que não amavam Deus.

De forma lenta, mas certeira, eu começava a ficar cansada de quem eu era, do que eu estava fazendo e das pessoas com quem eu estava saindo. Acho que só queria alguma coisa a mais. Por um lado, tentava aprender mais sobre Deus, mas por outro, não vivia uma vida que Deus aprovaria. Essa coisa de "amizade colorida" estava apenas confundindo minha identidade e deixando meu coração triste. Meu visual inteiro precisava de uma mudança. Minha identidade precisava de uma mudança.

Eu realmente não sabia por onde começar quando se tratava de Deus. Achava que o conhecia, mas algo me dizia que não o conhecia de forma alguma. Foi quando decidi ler a Bíblia, mesmo que aquele livrão preto parecesse mais assustador que qualquer romance de Dickens. Mas em vez de ler tudo rápido de uma vez como meus trabalhos de casa de Inglês, lia de forma lenta para que eu pudesse realmente entender que Deus estava tentando me falar algo sobre ele. De fato, na Bíblia, o Rei Davi nos dizia para "meditar" na palavra de Deus. Isso significa que Davi está pedindo para que você puxe seu tapetinho de ioga e sente-se como um indiano e comece a entoar "Ommmmmm"?

Não. Mas o rei Davi entendeu a importância de captar as palavras de Deus uma de cada vez, pensando nelas, aplicando-as em sua vida e mergulhando nelas dia e noite. Deus logo se tornou real e pessoal para mim.

Dica de
beleza

Meditação

Meditar diariamente na palavra de Deus foca sua mente no que realmente importa. É uma hora em que podemos deixar nossos problemas com ele e fazê-lo falar de uma vez. Aqui estão algumas dicas:

- Fique confortável, mas não tão confortável a ponto de dormir. Encontre um lugar quieto e use roupas confortáveis. Você pode querer se acomodar em uma cadeira ou se esticar na grama.
- Inspire três vezes profundamente, limpe sua cabeça (a parte mais difícil) e depois leia uma passagem das Escrituras. Peça a Deus para ajudar você e depois sente calmamente quando terminar a leitura.
- Escolha uma hora do dia em que você possa se sentar o tempo que precisar. Dessa forma, você pode realmente descansar nele e deixá-lo abraçá-la por um tempo. Vamos admitir: Todas precisamos ser menininhas nos braços do

papai. E essa é sua hora de ser uma menininha novamente e saber que ele está com você.

Essa prática ficará mais fácil quanto mais você a fizer. Melhorará a tensão em sua vida, o que inevitavelmente melhorará a tensão em seu rosto!

Um dos primeiros capítulos na Bíblia que mudaram o jeito que eu via Deus foi o Salmo 139. Tire um tempo para lê-lo (mesmo que você já tenha lido milhares de vezes, leia novamente) e desta vez tente meditar.

Vá para algum lugar quieto, algum lugar em que você não ficará distraída, e ouça o que Deus está dizendo para você:

Salmo 139

Davídico. Um salmo.

SENHOR, tu me sondas e me conheces.

Sabes quando me sento e quando me levanto; de longe percebes os meus pensamentos.

Sabes muito bem quando trabalho e quando descanso; todos os meus caminhos são bem conhecidos por ti.

Antes mesmo que a palavra me chegue à língua, tu já a conheces inteiramente, SENHOR.

Tu me cercas, por trás e pela frente, e pões a tua mão sobre mim.

Tal conhecimento é maravilhoso demais e está além do meu alcance; é tão elevado que não o posso atingir.

Para onde poderia eu escapar do teu Espírito? Para onde poderia fugir da tua presença?

Se eu subir aos céus, lá estás; se eu fizer a minha cama na sepultura, também lá estás.

Se eu subir com as asas da alvorada e morar na extremidade do mar, mesmo ali a tua mão direita me guiará e me susterá.

Mesmo que eu diga que as trevas me encobrirão, e que a luz se tornará noite ao meu redor, verei que nem as trevas são escuras para ti. A noite brilhará como o dia, pois para ti as trevas são luz.

Tu criaste o íntimo do meu ser e me teceste no ventre de minha mãe.

Eu te louvo porque me fizeste de modo especial e admirável. Tuas obras são maravilhosas! Digo isso com convicção.

Meus ossos não estavam escondidos de ti quando em secreto fui formado e entretecido como nas profundezas da terra.

Os teus olhos viram o meu embrião; todos os dias determinados para mim foram escritos no teu livro antes de qualquer deles existir.

Como são preciosos para mim os teus pensamentos, ó Deus!

Como é grande a soma deles! Se eu os contasse, seriam mais do que os grãos de areia.

Se terminasse de contá-los, eu ainda estaria contigo. Quem dera matasses os ímpios, ó Deus!

Afastem-se de mim os assassinos! Porque falam de ti com maldade; em vão rebelam-se contra ti.

Acaso não odeio os que te odeiam, SENHOR? *E não detesto os que se revoltam contra ti?*

Tenho por eles ódio implacável! Considero-os inimigos meus!

Sonda-me, ó Deus, e conhece o meu coração; prova-me, e conhece as minhas inquietações.

Vê se em minha conduta algo te ofende, e dirige-me pelo caminho eterno.

O Salmo 139 me ajudou a perceber que este livro "antigo" e "chato" era, na verdade, interessante. Fiquei maravilhada ao saber o quanto ele era relevante em minha vida! Quando eu me sentia sozinha nos fins de semana depois de ter decidido parar de andar com os "amigos" que estavam me deixando para baixo, Deus me lembrou: "Jenna, onde você pode ir que eu não estou?" E todas as vezes que me sentia feia diante do espelho — e você me entende quando eu digo que meninas têm "dias feios" — eu olhava para os versículos 13 e 14 para me lembrar de que Deus me fez e que eu sou sua criação maravilhosa!

Lentamente, a Bíblia veio para minha vida. Eu comecei a encontrar versos que redefiniram como eu me via. Em vez de pensar que eu não poderia lidar com problemas que a vida jogou sobre mim, versículos como 1 João 4, que diz: "Filhinhos, vocês são de Deus e os venceram [os problemas], porque aquele que está em vocês é maior do que aquele [Satanás] que está no mundo" (v. 4), me fizeram sentir poderosa!

Uma noite, fiquei acordada até tarde conversando com meu namorado. As luzes estavam apagadas e ele começou a me beijar. Eu me lembro de querer continuar com isso, mas aí eu ouvi as palavras de Romanos 12:1 em minha cabeça: "Se ofereçam em sacrifício vivo, santo e agradável a Deus." Embora parecesse embaraçoso de primeira (e, acredite, não foi fácil), eu o empurrei abruptamente, dizendo que não podia continuar. Sei que ele achou que eu era louca, mas aquele momento redefiniu meus padrões em relação aos garotos.

Depois disso, procurei rapazes que encorajavam mais meu caráter religioso em vez de olhar ou agir da maneira que agradava a eles. Isso quer dizer que eu fui perfeita com meus namorados depois disso? Não! Mas mostra que durante momentos difíceis — em um quarto escuro com um menino, em uma roda de fofocas com as meninas, em um grupo que está passando um baseado, mesmo no seu próprio quarto, quando você tenta se machucar — Deus está lá, implorando para você fazer a escolha certa. Ele cuida da gente! Tudo que temos a fazer é escutar. E quanto mais eu escolho ouvir meu pai celestial, mais minha perspectiva, meus padrões e minhas escolhas começam a mudar. Ele fez meu coração mais bonito que antes!

Lembro-me da noite em que deitei chorando no meu travesseiro depois de ouvir a notícia bombástica de que minha tia Jana, uma jovem mãe de três filhos, morreu de repente de um aneurisma. Enquanto minha cabeça nadava em um mar de tristeza, eu implorava a Deus por conforto. Ele me deu salmo após salmo de encorajamento. "O Senhor está perto dos que têm o coração quebrantado" (Salmo 34:18), provou que isso era verdade naquela noite. Em momentos como aquele, eu sei que a Bíblia funciona. Em momentos como aquele, eu percebo que Deus é realmente meu pai, falando comigo e me dando conselhos. E naqueles momentos, eu tive a experiência do que é de fato o relacionamento com Deus.

Ler as Palavras de Deus nos ensina que tipo de pai ele é e de que forma podemos viver como suas filhas. É o modo de Deus falar conosco. Mas, lembre-se, é muito importante falar com ele também.

Mandando mensagens para Deus

Quantas mensagens de texto você manda para sua melhor amiga todos os dias? Quanto tempo você fica no telefone com uma amiga ou um namorado? Quantos bilhetinhos você passa em sala de aula? Adoramos ficar em contato com nossos amigos, mas por alguma razão, achamos difícil ficar em contato com um Deus que sempre nos ouve e que sempre está lá para nós!

Deus espera que falemos com ele sobre as mesmas coisas que falamos com nossos amigos. Ele quer ouvir sobre aquela amiga que virou as costas para a gente, o teste que nos deixa estressados, o menino de que gostamos. Ele se importa com o que é importante para a gente! Ouça o que ele diz: "Lancem sobre ele toda a sua ansiedade, porque ele tem cuidado de vocês" (1 Pedro 5:7).

Deus responde às preces. Ele quer ser parte de sua vida. Como um bom pai, ele quer um relacionamento com sua filha. Então, você vai mudar o *status* de seu relacionamento? Talvez você lute, vivendo uma vida dupla como eu vivi — um pé no mundo e o outro em um relacionamento com Deus. Talvez você não queira nada com ele, e eu já passei por isso também. Talvez você esteja entediada em seu relacionamento com ele. Onde quer que você esteja no quadro de relacionamento, tire um momento para orar sobre seu relacionamento com ele. Ele quer ser mais para você que uma igreja, mais que um dia bonito, mais para você que um amigo; ele quer ser seu pai.

Recado do Max

Quando Jenna tinha dois anos, eu a perdi em uma loja de departamentos. Um minuto ela estava ao meu lado e depois tinha sumido. Eu entrei em pânico. De repente, apenas uma coisa importava — eu tinha que achar minha filha. As compras foram esquecidas. A lista de coisas que eu vinha buscar não era importante. Eu gritei seu nome. O que as pessoas achavam não importava. Por alguns minutos, cada centímetro de energia tinha um objetivo — encontrar minha filha perdida. (Eu a encontrei, a propósito, ela estava escondida atrás de umas jaquetas!)

Nenhum preço é alto demais para um pai para redimir seu filho. Nenhuma energia é grande. Nenhum esforço é demasiado. Um pai faz qualquer coisa para achar os seus.

E Deus também.

Escreva isso. A maior criação de Deus não são as estrelas ou os cânions; é seu plano eterno para alcançar seus filhos. Atrás de sua busca por nós está o mesmo brilho das estações e da órbita dos planetas. O paraíso e a terra não conhecem paixão maior que a paixão pessoal de Deus por você.

Precisa de mais confiança? Cansada de se sentir insegura? Use os espaços abaixo para escrever um bilhete para Deus como se você estivesse mandando uma mensagem de texto para ele. Fale com ele como você falaria com sua melhor amiga.

Depois de confessar algumas inseguranças a Deus, acho que está na hora de falar de como ele acha que você é bonita!

Capítulo 8

Mercedes? Quarenta mil dólares. Mansão? Três milhões de dólares. Você? Não tem preço.

"Ah não! Temos que ir para Fredericksburg de novo?" Minhas irmãs e eu ficávamos horrorizadas nas manhãs de sábado quando meus pais diziam que tínhamos de carregar as coisas até o carro para um dia em Fredericksburg. Essa bela e pacata cidade de campo ficava no meio das montanhas do Texas e é conhecida por seus pêssegos no verão e suas lindas luzes de Natal no inverno. Fredericksburg é definitivamente uma visão de livros de história, mas se você ouvisse nossas reclamações, acharia que a mamãe estava nos levando para o consultório do dentista. O que fazia Fredericksburg tão ruim para uma criança de quatro, uma de sete e outra de nove anos? Antiguidade. A equação era simples: antiguidade + mãe = um sábado muito longo e chato.

Papai tentava fazer da viagem algo divertido. Mas só podíamos brincar de pique-esconde em uma loja até o atendente nos achar, ficar fazendo concurso de bola de chiclete até o chiclete ficar azedo e jogar jogo da velha até ficarmos sem estratégias. Parecia que mamãe passava dias naquelas lojas de antiguidades!

Naquela época, eu não tinha ideia de por que alguém poderia comprar um pedaço de lixo. Por que uma cama do século XIV era mais cara que uma cama de hoje? Não era um conceito retrógrado? Afinal, quem quer dormir em uma cama dormida por sabe-se lá quem, quantas cabeças suadas antes da sua?

Eu não podia entender o valor das antiguidades.

Você se acha valiosa?

Em algum ponto de nossa vida, encontramos alguém que não nos dá valor. Outras meninas fofocaram sobre nós ou riram de nossas roupas. Meninos tiraram sarro de nossos cortes de cabelo ou de nossos tropeços na aula de educação física. Até pior, alguns de nós não tínhamos nem mesmo membros da família que nos encorajassem, ou que nos chamassem de bonitas ou dissessem "eu te amo". Mas antes de deixarmos outras pessoas determinarem nosso valor, é importante reconhecer o valor que Deus nos dá e como precisamos nos tratar de acordo com ele. Uma vez que entendemos isso, é um grande passo para redefinir a beleza.

Quando a mamãe comprava antiguidades caras, eu não podia me importar menos. Eu me lembro de ter seis anos e desenhar o que eram certos trabalhos de arte na minha cama com marcador permanente, com absolutamente nenhuma preocupação com o valor da cama. Não era uma peça de mobília para mim; era uma tela para meu marcador! Eu também costumava usar a maquiagem de minha mãe, sem me preocupar se eu amassava o batom ou espalhava rímel na pia do banheiro. Quando não entendemos o valor de alguma coisa, não a tratamos com carinho. Mas isso quer dizer que o objeto tem menos valor? Não!

Algumas vezes não podemos entender o valor de alguma coisa até alguém nos dizer o verdadeiro valor.

Quais são alguns dos tesouros que você tratou como lixo porque você não entendeu o valor deles?

Dica de
beleza

Conheça seu valor

Embora pareça difícil acreditar que somos valiosos, é uma das coisas mais importantes que podemos fazer para nossa saúde física e emocional.

Se tem algo que eu aprendi sobre ter uma aparência ótima é que machucar a si mesma nunca é uma forma boa de ficar bem. Seja se cortando, vomitando, tomando laxantes ou qualquer outra coisa que possa prejudicar, só vai fazer você se sentir pior.

Se você já se machucou ou já se sentiu tentada a se machucar, por favor, pare e procure ajuda imediatamente. Peça a Deus força e encontre um adulto de confiança para conversar.

No livro *Lies Women Believe* [Mentiras em que as mulheres acreditam], a autora Nancy DeMoss diz que algumas vezes não vemos nosso valor até ouvirmos isso de nosso criador.

Alguém que não reconhece ou aprecia uma arte poderia jogar uma obra valiosa no lixo. Isso faria a pintura ser menos valiosa? De forma alguma. O verdadeiro valor da arte poderia ser descoberto quando um colecionador visse a pintura e dissesse: "Esta obra não tem preço e eu estou disposto a pagar qualquer valor para tê-la."[1]

DeMoss prossegue e diz: "Quando Deus mandou seu único filho, Jesus, para a terra... ele declarou que o valor de nossa alma é maior que o valor do mundo inteiro."[2] Você leu isso? Nosso valor é maior que o valor do mundo inteiro! Temos um Deus que nos chama de valiosos! Como isso impacta na forma em que nos olhamos? Como isso *deveria* nos afetar na forma que nos olhamos? Bem, uma vez que acreditemos em quem Deus diz que somos, nós começamos a nos tratar com valor.

Começamos a fazer escolhas melhores. Namoramos meninos que nos tratam com respeito. Buscamos ajuda para coisas como nos machucarmos e nos odiarmos. Saímos com amigos que nos encorajam. Logo, começamos a irradiar beleza porque estamos confiantes de nosso valor. Tratamos a nós mesmas como obras de arte talhadas a mão, artesanalmente, e escolhidas a dedo pelo Criador de tudo que é adorável.

Recado do Max

Ouça com atenção. O amor de Jesus não depende do que fazemos por ele. De forma alguma. Aos olhos do Rei, você tem valor simplesmente pelo que você é. Você não precisa ficar bonita ou atuar bem. Seu valor está com você.

Ponto.

Pense nisso por um minuto. Você tem valor só pelo fato de existir. Não por causa do que você faz ou do que você fez, simplesmente pelo que você é. Lembre-se disso. Da próxima vez que alguém tentar passar você para trás como uma mercadoria barata, apenas pense na forma em que Jesus honra você... e sorria.[3]

Ver-nos da forma que Deus nos vê faz com que fique mais fácil vermos nós mesmas como belas. Aqui estão três grandes áreas onde isso pode causar impacto em sua vida. Eu a chamo de três A's:

1. Aparência externa
2. Autoestima
3. Aspirações

No segundo grau, eu tive dificuldade de compreender meu valor. Eu vivia para impressionar meus amigos e, claro, os meninos. As piores brigas que mamãe e eu tivemos não foram por conta de notas, de minha atitude ou de limpeza (ou pela falta dela) no meu quarto. Nossa Terceira Guerra Mundial era sempre por conta de roupas de banho.

Minha mãe queria que eu cobrisse isso, escondesse aquilo e disfarçasse aquilo. Eu queria mostrar isso, deixar aquilo à mostra ou revelar outras coisas. Eu não entendia por que eu era a única entre meus amigos que não podia usar biquíni. Todas as minhas amigas me disseram que eu tinha de comprar um, eu sabia que os meninos gostavam e as revistas me disseram que eu tinha de comprar um para ficar por dentro. Toda vez que a gente ia comprar roupa de banho, eu saía do shopping chorando e minha mãe saía virando os olhos.

— Jenna, você não entende como os meninos pensam, ela dizia.

Minha resposta sempre era:

— Bem, você não é exatamente um menino, mãe! Como você sabe o que eles pensam?

Talvez você tenha usado essa fala antes. Ou essa: "Mãe, eu não estou comprando isso para me mostrar na frente dos meninos. É bonito! Não é culpa minha que eles olhem para mim!"

A verdade é que minha mãe era a única que via meu valor naquela situação. Eu não podia ver isso, minhas amigas não viam isso. Meninos não viam isso e, é claro, as revistas não viam isso. Ela foi a única que entendeu que o corpo que Deus me deu era valioso — algo para ser preservado, não colocado à mostra.

Quando olharmos para nosso corpo como algo valioso e feito à mão por Deus, nós o trataremos com carinho. Trataremos nosso corpo da forma que Deus quer que o tratemos. Vamos nos vestir da forma que Deus quer que nos vistamos. E como ele quer que nos vistamos?

Bem, veja esta dica de moda em 1 Timóteo 2:9,10: "Da mesma forma, quero que as mulheres se vistam modestamente, com decência e discrição... mas com boas obras, como convém a mulheres que declaram adorar a Deus."

Agora, não interprete a Bíblia erradamente e pense que Deus quer que usemos gola rolê o ano todo. Primeiramente, isso seria ridículo durante o verão. Segundo, e mais importante, podemos nos vestir bem e de forma estilosa. Deus não quer que nos enrolemos em um lenço e deixemos de comprar em nossa loja preferida. Ele simplesmente nos pede para sermos modestas e ajudarmos nossos irmãos não chamando a atenção para certas áreas do corpo. Se mostrarmos decote ou usarmos roupas apertadas que delineiem cada curva nossa, a mente dos meninos vai até lugares que eles não precisariam ir, e isso não vai ajudar a nos tratar com o respeito que queremos e precisamos. Quando nos vestimos de modo que honre nosso Pai celestial, atraímos meninos de caráter, meninos que ligam mais para nosso coração que para nosso corpo.

Pense nisso desta forma. Se você visse uma mulher mais velha saindo de uma Mercedes novinha usando um terninho preto, como você interagiria com ela? Você provavelmente falaria de maneira respeitosa e com um tom maduro. Você provavelmente falaria um "uau." Mas faça de conta que você está na praia e a mesma mulher está usando *short* e camiseta e jogando frescobol. Sua interação não seria tão formal. Seu linguajar seria mais informal. Sua aparência externa afetaria como você agiria perto dela.

O que vestimos diz muito sobre como esperamos ser tratadas. Se um rapaz percebe que uma menina está usando roupas para brincar com os olhos dele, ele vai mais do que normalmente achar que ela é um flerte fácil e ele pode tratá-la com menos respeito. Mas se mantivermos os lugares íntimos escondidos, os meninos acharão que somos um pouco mais misteriosas. Eles não vão supor que somos alguém de quem eles podem se aproveitar.

Dica de
Beleza

Modesto é mais sensual

Como uma boa amiga minha diz, "o modesto é mais sensual" e é verdade! Quer alguma dica sobre como ser mais estilosa e modesta?

- Tenha alguns cardigãs bonitos e coloridos para usar por cima de tops que são mais apertados.
- Compre camisetas e batas. Hoje em dia tudo é camada, então coloque um top embaixo de uma camisa menor.
- Use meias de todas as formas e cores, mantenha algumas em seu closet para usar embaixo de saias ou até mesmo shorts que você ache (ou que sua mãe ache) que são muito pequenos. Na verdade, com tantas opções lá fora, por que optar por shorts ou saias curtas quando você vai ficar pouco à vontade o tempo todo?

Sua autoestima mudará

Minha irmã mais nova Andrea anda graciosamente em um salto 10. Ela tem um cabelo lindo, grosso, brilhoso e loiro — deixa a Nicole Kidman com vergonha. Uma constelação de sardas em suas bochechas e no nariz. Alguns meses atrás, ela mudou para Oxford, na Inglaterra, para fazer seu mestrado em Literatura. Ela é legal, né? Eu sempre admirei sua confiança e sua prontidão para sair da zona de conforto. Mas se Andrea estivesse sentada perto de você agora, ela rapidamente diria que nem sempre ela se sentiu confiante. Quando estava crescendo, ela teve problemas de autoestima como a maioria de nós.

Eu me lembro de uma de nossas jornadas para a escola no carro do papai. Andrea começou a chorar. Engasgar. Papai e eu perguntamos por que ela estava tão transtornada. Eu pensava comigo mesma quais poderiam ser seus problemas: esqueceu o trabalho de casa, um teste para o qual ela não estudou, uma amiga que machucou seus sentimentos. Finalmente, em soluços, ela falou a causa de seu mistério: "eu esqueci meu pó facial!"

Nessa fase em particular da vida de Andrea, ela odiava as sardas em seu rosto e odiava ter bochechas rosadas. Então todas as manhãs, ela dava um jeito de cobrir seu rosto "defeituoso" com camadas de pó da Clinique. Eu tentava fazê-la parar de chorar dizendo que chorar deixaria seu rosto mais vermelho do que já estava, mas o conselho, sem nenhuma cautela de alguém que estava na oitava série, recebeu um bem merecido "você não sabe o que é ser vermelha, Jenna!" (Andrea sempre foi o que eu chamo de "Mamãe do drama", mas shhhh... não diga que eu contei isso para você!)

Além de odiar seu rosto, Andrea lutou muito tempo para aceitar sua altura. Ela era mais alta que muitos meninos em nossa escola. Ela sempre procurava sapatilhas e todas as vezes que comprávamos *jeans*, Andrea ia para casa chateada por nenhuma calça ser longa o suficiente.

Eu lembro que a vida de Andrea mudou quando ela estava no segundo ano do segundo grau. Não foi uma mudança repentina, mas ela definitivamente experimentou uma mudança gradual em seu coração.

Ela começou a ligar menos para maquiagem, altura e até mesmo para "os amigos" que não a aceitavam. Sua atitude era mais leve e os problemas que ela viu como ameaças em sua vida se tornaram ajuda. Eu me lembro de entrar em seu quarto uma noite e vê-la lendo a Bíblia com luz de abajur. Eu disse a ela que podia ver uma mudança em seu coração, e ela concordou. Ela me contou como passar o tempo dela com Deus a ajudou.

Andrea começou a olhar para si da forma como Deus olha para ela e tudo mudou nela. Ela aceitou sua altura e caminhou; ela deu boas-vindas para suas sardas e aceitou suas bochechas rosadas. Quando olhamos para Deus como nosso Pai e realmente acreditamos que pertencemos a ele, nossa autoestima alcança novas alturas. Quando passamos tempo com ele, a voz da verdade ecoa a voz do mundo das mentiras enquanto ele nos reafirma, "Você é minha! E você é bonita!"

Tire algum tempo agora mesmo e diga a Deus todas as suas inseguranças. Ele quer ouvir sobre sua acne. Ele quer ouvir sobre seu cabelo enrolado, seus sentimentos de inadequação e fazer parte do time reserva da escola em vez do titular. Lide com todas as suas inseguranças e pegue sua identidade de uma linda filha do Rei dos Reis. Confie em mim, será um lindo visual para você.

Acessórios básicos da vida

Contentamento — quem Deus fez você ser

Se você vive sua vida se comparando a todas as outras meninas que andam por aí, você nunca ficará contente com quem você é. Sempre existirão meninas mais bonitas, mais espertas e que parecem ter mais sucesso. Tenho certeza de que não sou a única menina no mundo que já pegou uma revista e pensou, "UAU! QUERIA PARECER COM ELA". Então todas as vezes que você sentir vontade de se comparar a alguém, comece agradecendo por tudo o que você tem em sua vida. Peça a Deus para ajudar você como fez Paulo em Filipenses 4:11: "aprendi a adaptar-me a toda e qualquer circunstância." Deus a fez para ser você por um motivo, então aprenda a se amar!

Suas expectativas vão mudar

Outro dia, quando eu estava conversando com minha mentora, que é muito inteligente, comecei a perguntar sobre a infância dela. Olhando para seus olhos delicados e conhecendo sua alma doce, eu nunca poderia imaginar que ela foi criada por um pai alcoólatra. Ela e seus irmãos temiam as noites em que ele chegava em casa bêbado. Embora ele nunca a tenha machucado, noite após noite, ela ouvia os gritos de sua mãe. Toda vez que seu pai saía da cidade para trabalhar, um suspiro de alívio inundava a casa. A mãe dela comemorava fazendo pão caseiro. Com um sorriso nostálgico, minha mentora lembrou o aroma que a recebia na porta, após a escola: "Sempre sabíamos que papai tinha ido quando sentíamos o cheiro de pão fresco." Até hoje esse cheiro a acolhe com paz.

Por causa dessa experiência ao ver sua mãe ser abusada por seu pai, ela entrou em seu próprio casamento esperando ser abusada. Antes de dizer "eu aceito", ela planejou sua resposta para a primeira vez que seu marido batesse nela. Suas expectativas do que um casamento seria eram baixas por conta do modelo tão obscuro de casamento de seus pais. Minha mentora nunca teve ninguém para dizer como ela era valiosa, quanto potencial ela tinha ou como ela merecia ser tratada. Ninguém mostrou a ela como é o amor verdadeiro. Ninguém disse que ela merecia o melhor, então ela esperava o pior. Tragicamente, sua falta de autovalorização a levou a um casamento abusivo que terminou em divórcio.

Ela me disse que foi por volta dos 50 anos que ela pôde entender seu valor aos olhos de Deus. Agora, ela vive sua vida com expectativas esperançosas e não aceita nada que não seja o melhor que Deus quer para ela. Ela até achou o amor de sua vida — um homem que a trata como princesa.

É tão fácil aceitar menos do que o melhor de Deus por conta de uma experiência negativa ou influência da vida. Tire um tempo para escrever algumas expectativas que você tenha. Elas podem ser qualquer coisa, desde não estudar porque você acha que vai repetir, namorar o cara errado porque você acha que o cara certo não pode gostar de você, ou até mesmo não tentar o vestibular da faculdade de seus sonhos por medo de não passar na prova.

____

____

____

____

____

____

____

Deus não quer que aceitemos tão pouco. Ele quer que suas filhas cheguem mais alto do que possamos sonhar! Ele quer nos carregar para lugares em que nunca estivemos. Ele quer sonhar por nós. Então, você vai deixar que ele faça isso? Não trace suas próprias metas. Deixe Deus traçá-las para você! Veja o que ele diz sobre a vida que ele prometeu a suas filhas se escolhemos viver por seus padrões:

Tudo posso naquele que me fortalece. — Filipenses 4:13

Por isso, seja forte e seja homem. Obedeça ao que o Senhor, o seu Deus, exige: ande nos seus caminhos... assim você prosperará em tudo o que fizer e por onde quer que for. — 1 Reis 2:2

Ouça e obedeça, ó Israel! Assim tudo lhe irá bem e você será muito numeroso numa terra onde há leite e mel com fartura, como lhe prometeu o Senhor. — Deuteronômio 6:3

Uma vez que você comece a se ver como filha de Deus, ele redefine suas expectativas, sua autoestima e até sua aparência externa.

Capítulo 9
"Oi! Meu nome é ______________________"

Todos nós temos nomes e apelidos que as pessoas usam para chamar nossa atenção. Mas temos outros nomes também — nomes para nós mesmas que apenas nós sabemos, nomes que só nós usamos. Se você entrasse em uma festa e pedissem para você preencher uma etiqueta com seu nome — você sabe, aquelas para identificar pessoas que dizem, "Oi, meu nome é _______" — que nome você colocaria na linha?

Não estou falando do nome que seu pai e sua mãe escolheram para você, porque, vamos admitir — podemos ser nossas próprias inimigas. Algumas vezes, damos a nós mesmas nomes horríveis! Um nome que me dou muito é "idiota". Toda vez que cometo um erro, eu me pego pensando, *Idiota! Por que você fez aquilo?* Eu passei por uma fase em que meu nome era "gorda". Algumas vezes, eu também já me chamei de nomes que as pessoas me chamavam ou nomes que eu *achava* que me chamavam. Quando não era convidada para festas, eu me tornava "excluída". E quando não fui eleita presidente do grêmio da escola, meu nome virou "perdedora".

Pare e tire um tempo para pensar nos nomes que você se dá e nos nomes que os outros chamaram você, de forma inconsciente, definindo você. Preencha as linhas abaixo:

"Oi! Meu nome é______________."

"Oi! Meu nome é______________."

"Oi! Meu nome é______________."

"Oi! Meu nome é______________."

A coisa que mais assusta é que temos o potencial para nos tornarmos o nome que nos chamamos ou que outras pessoas nos chamam, especialmente os nomes que as pessoas em casa nos chamam. Então, se não somos chamadas de "Bonitas", "Inteligentes" e "Gentis", nossa autoestima começa a enfraquecer. Mesmo se temos pais que nos chamam de nomes inspiradores, existem horas em que precisamos de mais. Existem horas em que as palavras das pessoas não são suficientes, quando não são o que precisamos ou quando elas apenas não nos fazem sentir melhor. Por isso é tão importante ler constantemente nomes nas etiquetas que Deus fez para nós. *Deus tem uma etiqueta para mim?* É melhor você acreditar nisso!

Vamos supor que Deus decida fazer uma grande festa e você está na lista de convidados. Uau, imagine que tipo de festa Deus faria! O que tem no *menu*? Bem, o que não tem no *menu*? Afinal, você tem seu *chef* pessoal *nessa* festa. Quer três pratos de macarronada com queijo? Certo! Saindo! Mas se esses macarrões amarelos ficarem simples demais, por que não experimentar a *salade d'endives aux noix et Roquefort* para entrada, seguida de um *soufflé au Fromage Raie aux câpres, Pommes vapeur* e terminar com um bom *croissant*. (Uau, não tenho ideia do que escrevi, mas se você for uma dessas pessoas esnobes para comer, devo ter falado sua língua.)

E por conta de a sobremesa fazer parte de sua refeição, Deus decide se divertir com o prato final. Ele deixa a fábrica da Garoto com vergonha. É a diversão das formiguinhas. Existe um quarto com um *playground* de chocolate onde os convidados podem descer em um escorrega de chocolate, de língua! Na porta ao lado estão as pirâmides de biscoitos e a fonte de leite que jorra mais alto que as águas do Hotel Bellagio em Las Vegas. Gosta de sorvete? Bem, coloque seu casaco e vá para o quarto das esculturas de sorvete, onde você estará rodeada de esculturas em tamanho natural. Você pode pegar uma colherada de um cisne ou sentar em uma escultura feita de menta com gotas de chocolate.

Depois da comilança, é hora de brincar! Gosta de brincar ao sol? Bem, vá para o quarto O Verão É Divertido! Lá você encontrará lagos do tamanho do rio Amazonas, praias para aqueles que preferem a areia, parques temáticos, bicicletas para pedalar, barcos para velejar, canoas para flutuar e pranchas para surfar. Mas se o verão não for sua estação favorita, escolha uma das outras três: Outono Incrível, Maravilhas de Inverno e Flores da Primavera.

Ok, estou me divertindo muito para uma festa inventada. Agora, onde estávamos? Ah, sim. A etiqueta.

Então você entra nessa festa e todo mundo tem que usar uma etiqueta. Só que dessa vez você tem que escolher em uma lista de nomes que Deus chama você. Vamos dar uma olhada em alguns desses nomes que Deus nos dá na Bíblia. Eles declaram quem nós somos em Cristo. Vá em frente e leia sobre alguns nomes que você talvez nem saiba que existam.

"Oi! Meu nome é Confiante."

Aquele que teme o Senhor possui uma fortaleza segura, refúgio para os seus filhos. (Provérbios 14:26)

Não terá medo da calamidade repentina... pois o Senhor será a sua segurança e o impedirá de cair em armadilha. (Provérbios 3:25,26)

Pois não temos um sumo sacerdote [Jesus] que não possa compadecer-se das nossas fraquezas... Assim, aproximemo-nos do trono da graça com toda a confiança, a fim de recebermos misericórdia e encontrarmos graça que nos ajude no momento da necessidade. (Hebreus 4:15,16)

"Oi! Meu nome é Deleite de Deus."

O Senhor, o seu Deus, está em seu meio,
poderoso para salvar.
Ele se regozijará em você;
com o seu amor a renovará,
ele se regozijará em você com brados de alegria. (Sofonias 3:17)

"Oi! Meu nome é Filha de Deus."

Pois vocês não receberam um espírito que os escravize para novamente temerem, mas receberam o Espírito que os torna filhos por adoção, por meio do qual clamamos: "Aba, Pai." O próprio Espírito testemunha ao nosso espírito que somos filhos de Deus. (Romanos 8:15,16)

"Oi! Meu nome é Perdoada."

As palavras "lhe foi creditado" não foram escritas apenas para ele [Abraão], mas também para nós, a quem Deus creditará justiça, a nós, que cremos naquele que ressuscitou dos mortos a Jesus, nosso Senhor. Ele foi entregue à morte por nossos pecados e ressuscitado para nossa justificação. (Romanos 4:23-25)

Portanto, meus irmãos, quero que saibam que mediante Jesus lhes é proclamado o perdão dos pecados. (Atos 13:38)

Acessórios básicos da vida

Valor — sabendo que somos preciosas

Você já foi a uma loja da Tiffany's? Essa joalheria famosa em todo o mundo está no mercado para tirar nosso fôlego. Balcão após balcão com diamantes e joias fazem qualquer garota engasgar, sem mencionar babar. A forma como um diamante de 20 quilates tira seu fôlego é a mesma de Deus quando você olha para ele. O modo como seu olho pisca para um diamante perfeito é o modo como os olhos de Deus piscam quando ele a vê. Por causa de Jesus, a pedra dura de pecados que rodeava você foi lançada para longe, fazendo de você uma das gemas mais preciosas. Não importa que erros você cometeu ou quantas pessoas disseram que você não vale tanto, saiba disto: você é preciosa para o Criador das estrelas. Ele ama você!

Então, se você luta para saber que é valiosa, vá para a vitrine da Tiffany's (ou outra joalheria mais próxima de sua residência) e diga a você mesma: "Sou mais importante para Deus que o mais puro diamante." E continue dizendo isso até você acreditar.

Quando vivemos pelos nomes que nosso pai celestial nos dá, nosso visual muda. Pois aprendemos a nos ver da forma como Deus nos vê, nos vemos com uma autoestima saudável e um grande senso de valor próprio. Deus olha para você, sua filha preciosa, com um orgulho sincero. Na verdade, aposto que se Deus dirigisse um carro, sua foto estaria no painel.

Recado do Max

Deus ama você do jeito que é. Se você acha que o amor dele por você seria mais forte se sua fé fosse maior, você está errada. Se você acha que seu amor seria mais profundo, errado de novo. Não confunda o amor de Deus com o amor que você recebe das pessoas. O amor das pessoas aumenta com atitudes e diminui com os erros. Não é assim com Deus. Ele ama você exatamente como você é.[1]

Conselho de **beleza**

Diga seus nomes

Uma ótima forma de contra-atacar seus pensamentos negativos é substituí-los por pensamentos positivos.
Pegue um pedaço de papel ou um bloquinho de anotações e faça

uma etiqueta com seu nome com um versículo deste capítulo — ou diversas etiquetas com quantos versículos você quiser. As etiquetas podem ser colocadas em seu quarto ou no espelho do banheiro como lembretes de quem você realmente é. Decore uma etiqueta, coloque algo redondo para prender e pendure no retrovisor do carro ou em sua mochila. Faça o que for preciso para se lembrar dos nomes que Deus lhe deu.

Espero que após ler o quanto Deus a ama, sua autoestima esteja nas alturas! Ok, falamos como seu relacionamento com seu Pai perfeito dá todos os acessórios básicos da vida de que você precisa e agora está na hora de mostrar esses acessórios em nossos relacionamentos. Vamos falar de garotos!

Capítulo 10

Cindy não aceitou nada menos que o melhor

Você já quis ser uma princesa da Disney? Enquanto estava crescendo, eu sonhava ser a Cinderela em um castelo na Disney. Isto é, até eu ir dentro do castelo e descobrir que é um restaurante sem graça... Nos verões, eu colocava meus pés em uma boia redonda e fingia que era uma sereia como a Ariel. Quando papai entrava na piscina, ele costumava dançar conosco e cantar a música da Bela Adormecida chamada "Once Upon a Dream". Todas as vezes que ele cantava a palavra *você*, ele nos jogava no ar. Eu andava com meu karaokê da Fisher-Pricer cantando a música que a Ariel cantava embaixo d'água, "Part of your world".

Mesmo que nunca tenha sonhado em ser uma princesa da Disney, algo dentro de nós quer ser tratado como tal. Tire o "sa" de princesa e acrescente "pe" e aí está a razão número um por trás do sonho de princesa: O Príncipe. Quem não quer um príncipe bonitão para cavalgar em um pôr do sol! (Pessoalmente, eu tenho medo de cavalos, eu ficaria bem indo em direção ao pôr do sol em um carrão conversível. Mas isso sou eu.)

Como é seu príncipe perfeito? Como ele a trata em seus sonhos? Como trata os outros e quais são algumas das qualidades que ele tem? Tire um minuto e escreva com que tipo de homem você quer se casar algum dia. Então considere se sua lista bate com a lista de Deus. Divirta-se com isso! Seja criativa — e seja o mais específica que quiser.

Acho que Deus adora quando sonhamos. Na verdade, eu gosto de pensar que sonhar é Deus nos lembrando de não aceitarmos menos do que o melhor para nossa vida. Deus espera jogar bênçãos em nós, suas filhas.

Nele temos a redenção por meio de seu sangue, o perdão dos pecados, de acordo com as riquezas da graça de Deus, a qual ele derramou sobre nós com toda a sabedoria e entendimento. (Efésios 1:7,8)

Deus — nosso pai celestial — não quer que fiquemos com um menino que nos deixa para baixo, nos faz sentir desconfortáveis e nos faz ser uma garota que ele não quer que sejamos. Isso não é um príncipe! Um príncipe nos ama pelo que somos; nos desafia a ser uma pessoa melhor; tem integridade; é um líder; e, se for um príncipe verdadeiro, ele conhece Deus como Rei.

A história de Cindy

Cinderela — vamos chamá-la de Cindy — não aceitou menos que o melhor. O fim do conto de fadas diz: "Eles viveram felizes para sempre" porque Cindy esperou seu príncipe. Cindy já saiu de seu quarto no sótão para ir encontrar meninos em bares ou clubes? Não. Ela gritou com sua madrasta malvada por não deixá-la namorar? Não. Em vez disso, ela aceitou humildemente suas tarefas e esperou, sabendo que seus sonhos virariam realidade. Depois de ter encontrado sua fada madrinha e andado em sua limusine de abóbora para o baile, ela saiu andando em direção ao príncipe e deu seu número para ele (seu número de casa, porque naquela época não havia celulares), chamou-o para dançar e flertou com ele para ele saber que ela estava disponível? De jeito nenhum! O príncipe teve de fazer alguma coisa para ganhar Cinderela. *Ele* a percebeu, a pediu para dançar e mais tarde, depois que ela foi embora, ele mandou uma comissão ir procurá-la. Isso que é um homem que sabe perseguir seu tesouro!

Vamos fazer uma pausa e dizer o que estamos todas pensando: "Uau, Cindy conseguiu!" O príncipe não parece com o que você quer um dia? Bonito, nobre, respeitoso, financeiramente estável (e bota estável nisso), um bom dançarino e eu falei... bonito? Mas uma das melhores qualidades que o príncipe tinha era conquistar Cindy. Por que nós quereríamos um príncipe que tivéssemos de conquistar? Pense nisso. Não queremos um menino que vai dar um duro danado para nos ganhar e que fará tudo que for preciso para termos um relacionamento? Afinal, se ele não tem de se esforçar para nos conseguir, por que se esforçaria para nos manter? Quem quer um menino lerdo que para de nos cortejar depois que nos conquista? Não seria maravilhoso ter um homem que, mesmo depois de 30 anos de casamento, ainda corre atrás de você?

Meu Príncipe Encantado

Eu encontrei Brett quando tinha 18 anos. Na primeira vez em que apertamos nossas mãos, meu estômago deu mais voltas do que uma montanha russa do Hopi Hari. Eu queria nadar em seus olhos azuis. Ele tinha os ombros altos e largos e as sardas mais lindas que eu já havia visto! Para nosso primeiro encontro, ele me convidou para irmos ao planetário. Eu sei que você deve estar pensando, *Hum escurinho*! Mas ouça isto. Brett fez um encontro estrelado. Ele comprou algo para mim na *Star*bucks, me levou ao Lone*star* Café e comprou meias para mim com estrelinhas! Começamos a sair mais vezes, e ele até pediu a meu pai permissão para namorarmos. Aquilo me deixou doida! Eu nunca vi um menino fazer isso. (Isso é que é marcar pontos com os pais, certo?)

Além de seu humor, sua paixão por Deus e sua criatividade, eu amava as perguntas que ele fazia para mim. Isso pode parecer estranho, mas deixe-me explicar. Antes, parecia que eu era a única que perguntava aos meninos sobre a vida deles, o dia deles, a família, e todo o resto. Mas eu havia achado um menino que perguntava sobre mim! Ele estava interessado em minha vida. Era tão bom! Mas naquela época, foi um pouco novo demais. Eu fiquei com medo. Eu era muito jovem para ter encontrado aquele rapaz maravilhoso que eu me via o resto da vida com ele. Então eu amarelei. Eu queria viver minha vida, namorar outros meninos na faculdade e trabalhar para construir minha carreira. Eu não podia me casar!

Mas enquanto eu fugia dele, ele corria em minha direção. Ele correu atrás de mim. Ele escreveu cartas me dizendo que iria esperar até eu ficar pronta. Mas não foi de forma assustadora ou obcecada. Ele não escolheu colocar a vida dele em espera. Ele não colou em mim como se o mundo dele dependesse do meu, porque não dependia. Ele simplesmente esperou por mim, não por um ano, nem dois, mas por cinco longos anos! Eu sei. Vá em frente e dê na minha cara. Mas eu sei que Deus nos separou para que pudéssemos amadurecer juntos no tempo perfeito. Assim sendo, em 8 de agosto de 2008, meu príncipe me pediu em casamento e, acredite, eu disse *sim*!

Brett foi paciente. Ele me conquistou. Mas acima de tudo, ele orou. Ele confiou em Deus para tomar a liderança pelo nosso futuro.

Espere em Deus e ore pelo futuro. Deus pode querer surpreender você com o homem de seus sonhos, mas também pode querer abençoar você de outra forma. Nem todas nós fomos feitas para casar, e tudo bem. Então não force um relacionamento só para ter um namorado. Não aceite alguém que não é um príncipe. Em vez disso, espere em Deus assim como Brett esperou por mim. O objetivo número um de Deus é deixar você mais perto dele. Ele sabe exatamente de que seu coração precisa. Então qual é o primeiro passo? Acreditar em seu Pai celestial.

O pai de Cindy e o seu pai

Há um detalhe na vida de Cinderela — um detalhe de que nos esquecemos facilmente — que aparece na primeira cena da história. Lá está Cindy como uma menininha com um pai que a ama muito. Infelizmente, ele não vive muito tempo e Cindy foi deixada com uma madrasta malvada. Eu ousaria dizer, no entanto, que os poucos anos tendo um pai que lhe dizia que a amava e que ela era linda bastaram para plantar a verdade em seu coração: "Eu sou preciosa. Eu mereço o melhor."

Ok, acabei de perceber que analisei Cinderela psicologicamente, mas acho que a história dela se alinha perfeitamente com seu sonho de pai perfeito para você. Leia o versículo abaixo para ver o que seu Pai celestial quer para você.

"Porque sou eu que conheço os planos que tenho para vocês", diz o Senhor, "planos de fazê-los prosperar e não de lhes causar dano, planos de dar-lhes esperança e um futuro." (Jeremias 29:11)

Temos um Deus que sonha grande para nós! Como esse versículo deveria afetar nossos padrões de garotos? Nunca deveríamos namorar um cara que não combina com os planos de Deus para a gente — um plano para nos fazer prosperar, um plano para nos trazer esperança. Se deixarmos Deus estabelecer o padrão de como devemos ser tratadas, então devemos esperar por um rapaz que tentará nos amar e nos honrar do modo como nosso Pai perfeito faz. Esqueça o homem de seus sonhos. Espere o homem dos sonhos de Deus!

Talvez você não esteja sonhando grande porque você vê que seu pai está longe de ser o marido "dos sonhos". Ou talvez você tenha padrões muito altos vendo seu pai e esteja esperando um rapaz que seja tão bom quanto ele.

Como o seu pai terrestre afetou seus padrões de namoro:

___

___

___

___

___

___

___

___

___

Dica de
beleza

As roupas do encontro

O segredo para um primeiro encontro maravilhoso? Quanto mais você estiver confortável com você mesma, menos estranha será a noite. Uma forma de ajudar você a agir confortavelmente é se vestir de acordo. Não estou dizendo para você aparecer de suéter, mas isso é o que eu sugiro:

- Use algo que seja confortável para se sentar.
- Use algo que seja fácil para sair e entrar no carro.
- Use algo que não mostrará manchas no caso de cair algo em sua roupa no jantar.
- Use alguma coisa que não mostre marcas de suor (o nervoso faz algumas meninas suarem).
- Quanto menos pensar em sua roupa, mais você pode ser você mesma!

Meninos fedorentos também vieram de Deus

Embora seja difícil imaginar, apesar das meias sujas com manchas cinzas, quartos fedorentos e dedões dos pés cabeludos, os meninos foram criados pelo mesmo Deus que criou as meninas. É verdade! Eles são filhos de Deus. E Deus está nos pedindo para olharmos para os filhos deles com o mesmo respeito e amor que queremos para nós.

Para honrar os meninos, então, você e eu temos que entender o papel que Deus deu a eles para podermos ajudá-los a ser os melhores homens que puderem.

Considere o seguinte cenário e escolha aquele que melhor honraria um rapaz:

1. Você descobre que esse menino gosta de você, mas ele é muito tímido para falar, aí você decide facilitar dizendo que gosta dele antes de ele dizer que gosta de você.
2. Você conhece esse menino que você acha legal e bonito, então começa a paquerá-lo mandando mensagens de texto. Dessa forma, ele saberá que você está interessada.
3. Você tem uma queda por um garoto e ouviu que ele pode gostar de você, mas decide deixá-lo tomar a iniciativa. Embora esperar seja realmente difícil, você acha que vai ser uma boa chance para conhecê-lo como amigo primeiro.

É importante deixar um rapaz chegar até você, de modo que você terá certeza de que está atraindo um rapaz seguro, não um preguiçoso. Como meu amigo Chad diz, "por mais que os meninos queiram parecer seguros, precisa-se de muita coragem para convidar uma menina para sair. Então deixe-nos fazer o trabalho. Estamos exercitando o músculo da confiança. Não é boa ideia impedir os meninos de desenvolverem os músculos de que precisaremos para o resto de nossa vida de qualquer forma".[1]

Nós, meninas, precisaremos fazer nossa parte ajudando os meninos a aprender a ser homens, como ser líderes e conquistadores. Se facilitarmos para eles nos tornando muito disponíveis (física e emocionalmente), eles nunca vão aprender a crescer.

Não faça um menino tropeçar

Deus pede para que não deixemos nossos irmãos caírem. Em 1 Coríntios 10:32, ele fala conosco por intermédio de Paulo e diz: "Não se tornem motivo de tropeço." Isso quer dizer que não deveríamos derrubar um menino escada abaixo? Não — embora Deus provavelmente não gostasse disso também. O que "Não se tornem motivo de tropeço" significa que nós, meninas, temos de tomar cuidado para *não* facilitarmos para que os meninos tenham pensamentos lascivos conosco, nos tratem como lixo, e se afastem do que Deus os chamou para serem. Flertar excessivamente e vestir-se provocativamente — essas coisas fazem o coração dos meninos tropeçar.

Então pare um pouco agora mesmo e pense em sua reputação com os meninos. Você é o tipo de menina de que todo menino gosta, mas não pode ter? Você é uma menina cruel com os meninos? Você é o tipo de menina que dirá "sim" para qualquer cara, por isso todo mundo chama você para sair? Você é o tipo de menina que é gentil com todo mundo, mas misteriosa com meninos? Você é o tipo de menina que se cansa de ser apenas amiga com meninos e fica tentada a fazer de tudo para se fazer notada?

Dê um passo atrás e pense como você age quando está com meninos, quando olha para eles e fala com eles. Agora pergunte a si mesma se o modo como você se comporta com os meninos faz com que eles tropecem ou faz com que os pensamentos deles vão a lugares a que não deveriam ir. Você está ajudando a exercitar seu músculo da segurança ou está fazendo com que relacionamentos fiquem muito fáceis para eles? Se olhar para os rapazes do modo como Deus quer que você olhe, seu relacionamento com eles será completamente novo e saudável.

Nós, meninas, precisamos estar conscientes do que vestir e de como flertar e interagir com os meninos. Felizmente, essa nova consciência irá nos preparar para redefinir nosso visual, sejam nossas escolhas de moda ou nosso estilo interno. Escolher usar roupas modestas, falar sobre coisas limpas e edificantes, deixar que os meninos tomem a iniciativa — essas ações podem fazer com que os meninos se transformem em príncipes de verdade e nos ajudem a ser as princesas, o tesouro sem preço que vale a pena ser descoberto. Mas nada disso irá acontecer se os dois não conhecerem e obedecerem a Deus como seu Pai.

Acessórios básicos da vida

Autocontrole — para tomar boas decisões

O autocontrole pode ser usado em todas as áreas da vida. Seja para nos impedir de sair batendo o pé em resposta aos nossos pais ou bater a porta na cara de nossa irmã. Mas vamos ser realmente honestas. Nosso relacionamento com meninos geralmente pede o máximo de autocontrole possível.

Hormônios instáveis causam muitos problemas. Eu sei como é ter esses hormônios doidos e esses sentimentos por alguém. E temos de simplesmente ignorá-los?

Orar por autocontrole não levará os hormônios embora. Desculpe, mas não. O que isso fará é nos ajudar a tomar boas decisões. Isso nos ajuda a evitar situações que comprometeriam nossos padrões e fariam nossos problemas hormonais se tornarem piores. Isso evita que façamos coisas de que nos arrependeremos e coisas de que nossos maridos se arrependerão! Lembra aquele príncipe perfeito que você descreveu em seu diário? Ele deve estar por aí esperando por você e não há nada mais bonito para um príncipe encantado quanto uma princesa que, em algum momento da vida, para e diz, "Quer saber? Vou proteger meu coração e meu corpo para o meu Deus, meu futuro príncipe e para mim."

Coroas, não palhaços

Existem vários imbecis por aí. Então quero ajudar você a perceber quando um rapaz é um príncipe de verdade.

Um verdadeiro príncipe modela sua vida pelo Rei dos Reis, o próprio Deus. Então toda vez que você se questionar se um rapaz vai ter ou não um caráter bom, pergunte-se: "Ele me trata como meu Pai celestial me trataria?" Esqueça perguntar para as amigas, assistir a romances de Hollywood ou verificar na Internet. O teste "Esse menino é um príncipe?" pode ser encontrado na Bíblia! Um dos melhores lugares para descobrir se um menino tratará você bem é 1 Coríntios 13:4-7:

> *O amor é paciente, o amor é bondoso. Não inveja, não se vangloria, não se orgulha. Não maltrata, não procura seus interesses, não se ira facilmente, não guarda rancor. O amor não se alegra com a injustiça, mas se alegra com a verdade. Tudo sofre, tudo crê, tudo espera, tudo suporta.*

Essa passagem descreve como Deus nos ama, mas acredito que é uma ferramenta útil para ser usada como padrão quando questionamos um relacionamento em potencial, quando estamos com uma quedinha ou estamos namorando um menino. Agora, vamos achar um rapaz tão perfeito quanto Deus? Não! De jeito nenhum! Mas nosso Pai perfeito dá o exemplo perfeito de como é um verdadeiro amor, então é nosso dever usá-lo como medidor de como amar e como ser amado.

Recado do Max

Quando Jenna tinha 5 anos, dois meninos de 10 anos entraram no ônibus escolar, olharam feio para ela e mandaram-na chegar para o lado.

Quando eu voltei do trabalho para casa, ela me contou o que havia acontecido. "Eu quis chorar, mas não chorei. Eu só sentei — com medo!"

Meu impulso imediato era descobrir os nomes daqueles meninos e dar um soco no nariz dos pais deles. Mas eu não fiz isso. Eu fiz o que era mais importante. Eu sentei minha menininha em meu colo e a deixei se perder em meus braços e disse para ela não se preocupar mais com aqueles implicantes porque o papai estava ali e eu me certificaria de que se algum implicante chegasse perto de minha princesa novamente, eles deveriam ficar muito preocupados.

E isso foi o suficiente para Jenna.[2]

Deus definitivamente se preocupa com a forma que olhamos para os meninos e como os meninos olham para nós. Deixe-o ser o exemplo de como olhar para os meninos e de como os meninos olham para você. Os planos de Deus para nosso relacionamento com os meninos — que nos traz menos drama e menos preocupações — é mais bonito que o do mundo. Então, peça a Deus por conselhos em relação aos meninos. Afinal, é para isso que serve um pai.

Vamos fechar este capítulo com uma prece:

Deus, muito obrigada por seres meu Pai. E já que és meu Pai, peço-te para redefinires meu visual. Ajuda-me a ver os meninos da forma como tu queres que eu os veja. Que eu os possa ver como tuas criações. Dá-me a graça de centrar meus relacionamentos em ti. Dá-me paciência para esperar o teu melhor para a minha vida.

Capítulo 11

Amizade até debaixo d'água

Rachel era minha melhor amiga quando éramos crianças. Brincávamos por horas em nosso mundo Rachel & Jenna. Alguns dias virávamos professoras e transformávamos meu quarto em sala de aula. Em outros dias, descíamos as escadas escorregando em sacos de dormir. Mas uma das coisas de que mais gostávamos era brincar com nossas Barbies.

Éramos arquitetas Barbie, construindo cidades Barbie inteiras e mansões usando o único material de construção que tínhamos: livros. Empilhávamos, abríamos e apoiávamos os livros — o que fosse necessário para criar a casa ou prédio Barbie que queríamos. Não deixávamos nada a desejar para a Casa dos Sonhos da Barbie (embora secretamente desejássemos uma!). Levávamos três horas para preparar tudo para nossas Barbies. Depois que criássemos a cena certa, a história Barbie começava. Os roteiros que criávamos para nossas Barbies pareciam novelas. Eu me lembro de uma vez em que a Barbie de Rachel morreu de câncer, e nós duas começamos a chorar, literalmente! Acho que éramos um pouquinho obcecadas por nossas Barbies. Tudo bem, talvez mais do que só um pouquinho.

Rachel e eu tínhamos nossos altos e baixos, mas uma coisa que adorava e ainda adoro nela é que podemos continuar de onde paramos, não importa quanto tempo tenha passado desde a última vez em que nos falamos. E eu sempre senti a liberdade de ser totalmente, completamente eu mesma quando estou com ela. Ela me conhece de cabo a rabo, e me ama apesar dos meus defeitos. Eu não tenho que impressioná-la. Posso até tirar meleca na frente dela, e ela continuará me amando!

Você tem uma melhor amiga? Por que essa pessoa é sua melhor amiga? Quais são algumas de suas qualidades favoritas nessa pessoa? Se não tiver uma amiga próxima no momento, quais são algumas das características que você procura em uma amiga?

Deus quer ser parte de nossas amizades. Ele sabe bem o que é querer amigos. Não acredita em mim? Pense nos apóstolos. Jesus sabia que precisaria de uma pequena comunidade de homens com quem conviver, para encorajar e ser encorajado, para amar e ser amado. E ele quer o mesmo para nós. Deus quer ver suas filhas cercadas de amigas que nos ajudem a nos tornar as melhores que nós podemos ser, e quer nos usar na vida de nossas amigas. Quer melhorar suas amizades. Mas como? Bem, redefinindo a maneira como enxergamos as amizades.

Debaixo d'água

Você já foi à praia e brincou no mar? Se for parecida comigo, pode ser que você tenha um pouco de medo do profundo e infinito mundo submarino. Por alguma razão, sempre que molho um dedo dos pés na água do mar, um alarme automático dispara em minha cabeça. Não é um típico alarme de bipe. É uma sirene de alerta que toca bem alto a música tema de *Tubarão* — tum, tum, tum, tum...

Minha família, por outro lado, é o oposto. Toda vez que vamos para a praia nas férias, todos eles querem fazer *snorkel* (bem, menos minha mãe, que gosta de assistir de longe, bebericando seu suco e bronzeando suas pernas). Eu geralmente quero ficar com minha mãe, mas algumas vezes eu encarei meu medo e disse: "Você não vai estragar minha diversão hoje!" Geralmente funciona. Experimente um dia desses.

Na primeira vez em que fiz *snorkel* na água mais funda, de "garota grande" (é assim que eu a chamo porque tenho que usar minha bravura de garota grande), percebi o quanto eu tinha perdido enquanto ficava no raso. É um mundo inteiramente novo e lindo quando você vai mais fundo no oceano. Existem recifes brancos como pérola e peixes usando todos os tipos de *neons* brilhantes verdes, alaranjados e amarelos. Até mesmo as escorregadias algas marinhas pareciam brilhar. Eu me lembro de pensar enquanto fazia *snorkel* — com um olho observando para ver se vinha algum tubarão — *Uau, se eu nunca tivesse deixado a parte rasa da praia, nunca teria descoberto as maravilhas das águas profundas*!

O mesmo acontece quando você e eu deixamos Deus elevar nossos relacionamentos de superficiais para profundos, de simples a maravilhosos, de comuns a emocionantes. Como? Bem, quando deixamos Deus ser nosso pai, ele nos ajuda a enxergar as amizades como ele pretende que elas sejam — encorajadoras, amorosas e construtoras de vida.

Recado do Max

Uma devoção que preserve a amizade não pode ser encontrada em nosso coração. Precisamos de ajuda de uma fonte externa!

Enxergando os amigos com os olhos de Deus

Na Bíblia, nosso pai perfeito nos dá conselhos sobre a amizade por meio de uma linda história sobre dois homens chamados Jônatas e Davi. Se estiver interessada em ler a história completa, leia 1 Samuel 18:20.

A maioria das pessoas provavelmente já ouviu falar de Davi, o famoso rei de Israel do Antigo Testamento. Jônatas, seu melhor amigo, geralmente não recebe toda essa atenção. Mas a verdade é, se não fosse por Jônatas, Davi nunca teria vivido tempo o bastante para se tornar rei. Veja bem, Davi tinha mais drama em sua vida que as minhas Barbies e as da Rachel já tiveram! Pense só no escândalo.

O rei Saul, pai de Jônatas, ficou com inveja da popularidade de Davi e o enxergava como uma ameaça ao trono. Então, Saul decidiu matar Davi. Você pode imaginar? Davi não tinha feito nada além de ajudar o rei vencendo batalhas e matando seu arqui-inimigo, Golias, e, no entanto, Saul decidiu matar Davi porque seu rosto estava na capa de *Israel Hoje* (uma revista muito popular na época que pode ser ou não que eu tenha inventado) e o de Saul não estava.

Isso não era nem um pouco diferente da briga por popularidade que existe hoje em qualquer escola. As pessoas fazem alguma coisa maliciosa ou veem alguém fazer alguma coisa egoísta para ganharem popularidade. A fofoca e a traição permeiam os corredores e vêm à tona nas salas de aula, mas espero que você nunca tenha visto alguém tentar matar outra pessoa por causa de popularidade. Infelizmente, é exatamente isso que está acontecendo em nossa história. Aqui é o filme *Meninas Malvadas* multiplicado por cem.

O herói não anunciado da história é Jônatas — que não era nada parecido com seu pai, Saul. Ele viu o coração malvado do pai e decidiu salvar a vida de Davi. Você acha que James Bond é astuto? Pense bem! Jônatas, que tinha informações confidenciais, saiu escondido para avisar Davi do plano de seu pai para matá-lo. Jônatas pôs sua vida em risco por seu amigo.

Você tem um Jônatas em sua vida? Você é o Jônatas na vida de alguém? Pare um minuto para pensar no sacrifício que Jônatas ofereceu, por amor a Davi, e o compare a suas próprias amizades. Espero que você tenha ao menos uma amizade assim.

Recado do Max

Todo mundo precisa de pelo menos um amigo fiel ou um companheiro que olhe em seus olhos e diga: "Nunca o deixarei. Você pode ficar velho e grisalho, mas eu nunca o deixarei. Seu rosto pode ficar enrugado e seu corpo pode ficar um caco, mas eu nunca o deixarei. Os anos podem ser cruéis e os tempos podem ser difíceis, mas estarei lá. Nunca o deixarei."

Pense por um minuto nas pessoas em seu mundo. O que elas pensam sobre seu comprometimento com elas? Sua lealdade alguma vez fica balançada? Você tem uma pessoa com quem seu "contrato" é não negociável?

Uma vez, dois amigos estavam lutando juntos em uma guerra. O combate era feroz, e muitas vidas estavam sendo levadas. Quando um dos dois jovens soldados foi ferido e não conseguiu voltar para as trincheiras, o outro saiu para buscá-lo, contrariando as ordens de seu oficial. Voltou mortalmente ferido e o amigo, trazido de volta, estava morto.

O oficial olhou para o soldado que estava morrendo, balançou a cabeça e disse: "Não valeu a pena."

O jovem, que ouviu o comentário, sorriu e disse: "Mas valeu a pena, senhor, porque quando cheguei, ele disse: 'Jim, eu sabia que você viria'."

Aproveite seus relacionamentos ao máximo. Siga o conselho de Benjamin Franklin: "Seja lento ao escolher amigos e ainda mais lento ao deixá-los."[2]

Três palavras me vêm à cabeça com a história de Davi, e Deus nos dá essas palavras para podermos avaliar a qualidade de nossas amizades: amorosa, sacrificadora, espiritual. Use-as para definir como é uma amizade bonita.

Amorosa. Jônatas poderia facilmente ficar com inveja do atraente, popular e talentoso Davi. Mas a Bíblia diz que Jônatas amava Davi tanto quanto a si próprio (1 Samuel 20:17), então ele colocou Davi em primeiro lugar. Às vezes, no entanto, podemos nos encontrar competindo com nossos amigos. Podemos ocasionalmente sentir uma ponta de inveja quando estiverem recebendo a atenção que gostaríamos de estar recebendo. Sempre que um pensamento competitivo ou invejoso entrar em nossa mente, precisamos nos lembrar por que nossa amiga é nossa amiga. Esperamos que seja porque a amamos e, assim, queremos o que for melhor para ela. Esse tipo de amor significa comemorar com ela as coisas boas que acontecem em sua vida. Em retorno, um bom amigo nos mostra o mesmo tipo de amor quando as coisas acontecem conosco. Aprendi que me poupa muito estresse e trauma emocional escolher ficar contente por minhas amigas em vez de com inveja.

Sacrificadora. Às vezes, em um relacionamento, temos que dar e receber. Abrir mão de uma coisa para agradar uma amiga é um sacrifício verdadeiro. Nesse caso, Jônatas pôs sua vida em risco por Davi. Em nossa vida, o sacrifício pode significar comer ou não comer em nosso restaurante favorito porque sabemos que nossa amiga não gosta dele. Ou pode significar abrir mão daquele filme que queríamos muito ver porque nossa amiga precisa que alguém a escute. Sacrifícios mostram a nossa amiga que ela é prioridade e que ela é muito importante para nós. E, lembre-se, uma amiga de verdade vai retornar o favor.

Espiritual. Quando Jônatas escondeu Davi da ira de seu pai, bolou um plano para avisar a Davi se Saul escolhesse matá-lo. Ao contar o plano a Davi, disse: "Quanto ao nosso acordo, o Senhor é testemunha entre mim e você para sempre" (1 Samuel 20:23). Jônatas incluiu Davi em seu plano e em seu relacionamento com Davi. Eles não hesitavam em trazer à tona o nome de Deus quando estavam um com o outro. Mas nós somos como Jônatas e Davi? Nossa fé floresce em nossos relacionamentos? Ou estamos em várias amizades em que temos medo de falar sobre nossa fé? O relacionamento de Davi e Jônatas era centrado em Deus. Em que são centrados nossos relacionamentos? São eles centrados em fofocas, meninos e moda? Eles são um drama constante? Ou são construídos sobre coisas que realmente importam? O negócio é o seguinte: quando pudermos falar sobre Deus em um relacionamento, estaremos fazendo *snorkel* na parte funda do oceano. Nosso coração se liga em um nível tão profundo que nosso relacionamento se torna emocionante, encorajador e significativo. Amigos de verdade adoram o fato de que adoramos ao Senhor.

Amizades da moda

Eu tinha uma amiga no colegial cujos pais eram divorciados. Todo mundo a adorava, mas fazia piada pelas costas sobre ela ser tão esnobe. Na época, eu achava que ela era esnobe porque era isso que ela era mesmo. Mas olhando em retrospecto, acho que eu sei exatamente por que ela esfregava suas roupas de marca e suas últimas compras na cara de todo mundo. Veja bem, ela morava com sua mãe, e seu pai, um homem muito rico, lhe dava praticamente tudo que ela quisesse. Talvez fosse assim que ele a amasse, como compensava sua ausência na vida dela. Ele comprava coisas para ela. Pode ser também que sua mãe, sentindo-se culpada pelo divórcio, compensasse a dor de sua filha com presentes. Embora ela e eu compartilhássemos certo grau de proximidade, ela me traiu para obter *status* com determinado grupo de meninas populares. Como seu pai a amava com dinheiro e presentes superficiais, talvez ela visse suas amigas como outro item da moda que pode preencher o vazio em seu coração.

Que tipo de amiga você é?

Trauma de drama

Deus pode ajudar a nós, meninas, a deixar o drama de lado. Confie em mim, o drama não é um bom *look*. As pessoas que se cercam de drama ou criam drama não ficam bonitas aos olhos dos outros. Ficam chatas, na verdade. Eu sei disso porque já vi essas pessoas chatas e já fui uma delas.

Deus quer nos ver em amizades que nos encorajam a ser nosso melhor espiritual e emocionalmente e isso nos ensina não só a amar de forma altruísta e sacrificadora, mas também como ser amada. Se nossas amizades não têm essas qualidades, vamos parar e nos perguntar por quê. Talvez Deus esteja nos dando um empurrãozinho para encontrarmos amigas com quem possamos ser nós mesmas. Talvez Deus esteja nos pedindo para sermos amigas melhores. Talvez precisemos mergulhar mais fundo em nossas amizades saudáveis, mas superficiais. Vamos nos certificar de ouvir o que nosso Pai quer nos dizer. Ele se importa! E, se deixarmos, ele vai encher nossa vida com relacionamentos edificantes e deixar o drama para os *reality shows*.

Acessórios básicos da vida

Paz — saber que Deus está no controle

Tudo bem, você quer que eu conte um grande segredo meu? Eu adoro drama! De verdade! Acho que é complexo, emocionante e interessante de resolver. Por que você acha que a TV é tão atraente? É programa atrás de programa de drama! O drama cria uma boa história, e eu adoro uma boa história.

No fundo, embora digamos que não gostamos, geralmente há um pequeno lado maroto em nós que adora um drama. Então, o que Deus acha de drama? Não é como se existisse um versículo que diz: "Não serás a mãe do drama." Mas ele diz que o drama só leva a uma vida destrutiva. Se você quer uma vida longa e saudável, busque a paz. "Quem quiser amar a vida e ver dias felizes, guarde a sua língua do mal e os seus lábios da falsidade. Afaste-se do mal e faça o bem; busque a paz com perseverança" (1 Pedro 3:10,11). O drama pode ser momentaneamente interessante, mas a paz é que será lembrada.

Deus quer ser o pai a quem recorremos quando nossas amizades nos estressam. Talvez esse seja um bom momento para pegar o que conversamos e pedir a Deus para nos ajudar a ver nossas amizades da maneira que ele quer que as vejamos.

Pai, peço que me ajudes a ser uma boa amiga para os outros. Dá-me a sabedoria para escolher amigas que me encorajarão e amarão por quem eu realmente sou. Dá-me uma nova visão do que meus relacionamentos com os outros deveriam ser. Peço que minhas amizades sejam centradas em ti. Amém.

Capítulo 12

As pessoas que estão respirando

A beleza verdadeira não aparece quando queremos. Ela simplesmente não está lá para nos ajudar a pegar o príncipe encantado ou para ajudar em nossas amizades. Deus nos fez belas por diversas razões. E precisamos mostrar esta beleza para... Bem... para as pessoas que estão respirando. E isso quer dizer basicamente todo mundo.

Mas antes de começar a resmungar, se perguntando por que você precisa respeitar o seu sargento malvado ou o cara esquisito que escreve poemas sobre você, aqui estão algumas razões de nosso interesse para deixarmos nossa beleza brilhar:

- Isso traz glória a Deus.
- Traz alegria para os outros.
- Traz bênçãos sem fim para nossa própria vida.

Alguns capítulos atrás, falamos do pai de minha amiga Hannah e como ele não reclamava de seus chefes e sempre mostrava respeito. E por que isso é importante?

A história de Hannah

Pergunte a Hannah qual era sua paixão no ensino médio e sem hesitar ela dirá que era o vôlei. Ela lê livros sobre isso. Ela chegava mais cedo e ficava até mais tarde nos treinos. Ela até sonhava com vôlei! Mas ela me disse que mais importante do que aprender os passes do vôlei foi o que o seu treinador a ensinou sobre por que respeitar a autoridade é uma chave para o sucesso.

Hannah nem sempre respeitou a autoridade de seu técnico. Ela nunca pensou que "obedeça a seus líderes" era algo importante. Aqui está a sua história:

Durante o verão em que estava no ginásio, meu objetivo era ir para o time principal. Essa paixão queimava tão forte por dentro de mim que era tudo em que eu pensava. Durante esses meses de verão, meu técnico me encorajou a me juntar ao time principal nos acampamentos que eles frequentavam. Eu me saí bem competindo contra as meninas mais velhas e quando nossos treinos começaram, eu achava que com certeza meu nome estaria na lista do time principal.

Uma sexta, na metade do nosso último treino intensivo, o técnico colocou o papel com os nomes que iam para o time. Meu olhos rapidamente passaram pela lista... "Hannah Crosby... Hannah Crosby... Onde está Hannah Crosby?" Para meu desespero, eu vi meu nome no time júnior.

Eu estava com raiva e ofendida! Soluçando com lágrimas de raiva, saí da multidão e me escondi em um corredor. Sentei lá com raiva dos meus "técnicos idiotas" que fizeram isso comigo e pensei em abandonar tudo. Logo, um membro do time me encontrou e me arrastou de novo para o treino. Pelo resto do treino, eu estava devagar, egoísta e rude. É desconcertante lembrar a minha atitude agora, me lembrando daquele dia! Era como se eu achasse que poderia mudar o pensamento do meu técnico sendo desrespeitosa! Vagarosamente, comecei a me lembrar das diversas vezes em que meus técnicos haviam me dado instruções específicas em relação às minhas habilidades e eu sabia, em meu coração, que não havia seguido as instruções. Eu negligenciei ouvir qualquer conselho. Eu tinha um grande problema de orgulho e isso influenciava o modo como enxergava a autoridade. Isso me atingiu como uma tonelada de tijolos e desejei reviver os três meses anteriores de minha vida. Já que eu não podia mudar o passado, mudaria o futuro e dali por diante eu seria uma jogadora diferente.

Eu ia mais cedo para o treino e ficava até mais tarde para conseguir fazer mais repetições. Eu lia livros sobre psicologia dos esportes e até adorava a parte do treinamento que todo mundo odiava... o condicionamento. Mais do que tudo, aproveitava qualquer atenção que pudesse receber da figura de autoridade em minha vida que podia me ajudar mais: meu técnico. Quando ele falava, eu ouvia. Quando ele dizia corra, eu voava. Eu confiava nele para me ajudar a atingir minhas metas. Minha definição de autoridade começava a mudar. Finalmente entendia que se eu obedecesse a meu técnico, iria ficar excepcional porque ele sabia muito mais sobre o jogo.

Geralmente, a palavra autoridade sempre tinha significado regras, direções e consequências. Mas sob essa nova ótica, autoridade significava oportunidade, sabedoria e triunfo. Eu queria autoridade — precisava de autoridade — para me ajudar a ser o melhor de mim mesma! No meio da temporada, meus técnicos já estavam felizes com a mudança que eles viam em mim e decidiram dividir meu tempo entre o time júnior e o profissional, e eu fui capitã do time no meu último ano.

Eu atribuo esta habilidade de aprender essas lições a meu pai. Ele me ensinou a ter uma ética de trabalho sólida e aceitar responsabilidade. Mais importante, ele me ensinou que nossas atitudes e ações em relação à autoridade são reflexos de como respondemos à autoridade de Deus. Eu aprendi que quando respeitamos a autoridade, o respeito retorna para nós com os outros. Boas coisas retornam — como prêmios! E eu vejo esta verdade todos os dias no respeito que as pessoas mostram a meu pai.

Medalhas de ouro e Madonna

Por causa de seu pai, a completa noção de autoridade que Hannah tinha mudou. Em vez de deixar as instruções para lá, ela reconheceu os benefícios que se tem ao ouvir e seguir o conselho. Se você não tem um bom exemplo de respeito em sua casa, então deixe Deus ensinar a você como agir com os adultos e líderes.

Veja estes versículos abaixo para ver como Deus quer que nos comportemos com os adultos.

Por causa do Senhor, sujeitem-se a toda autoridade constituída entre os homens. (1 Pedro 2:13)

Escravos, sujeitem-se a seus senhores com todo o respeito, não apenas aos bons e amáveis, mas também aos maus. Porque é louvável que, por motivo de sua consciência para com Deus, alguém suporte aflições sofrendo injustamente. (1 Pedro 2:18,19)

Depois de ler esses versículos, você pode reagir da forma que eu reagi quando eu os li pela primeira vez: *Por que Deus quer que respeitemos uma mulher ou um homem que é duro e injusto? Isso não é justo*!

Alguns anos atrás, eu tive o privilégio de trabalhar com Laura Wilkinson, uma nadadora olímpica. Representante dos EUA nos jogos de 2000 em Sidney, Laura ganhou medalha de ouro por sua performance na prancha. Mas não posso falar de Laura sem mencionar seu coração por Jesus. Ela nada por ele todos os dias. Durante as olimpíadas de Pequim em 2008, vários comentaristas falavam sobre sua carreira impressionante. Eu sempre ria do fato de frequentar a mesma piscina que Laura e ver crianças e mais crianças fazendo o salto do canhão... até que Laura foi à prancha.

Tente entrar na minha cabeça comigo (sei que isso seria assustador). Imagine estar comigo e Laura em um dia de verão, na piscina da vizinhança. Imploramos para Laura saltar da prancha assim como a víamos fazer na televisão. Depois de muito insistir, ela aceita. Mas quando ela está andando para a prancha, o salva-vidas a impede.

— Me desculpe, senhora, mas a prancha mais alta é reservada para o nosso time de nado. Eles são treinados para usá-la. Você terá que usar a prancha mais baixa.

— Não, você não está entendendo, — responde. — Eu sou treinada. Sou uma nadadora olímpica.

— Sim, e eu sou a Madonna, — disse o salva-vidas com um tom sarcástico, não acreditando.

Você pode imaginar a frustração de Laura? Se o salva-vidas soubesse quem ela era! Lá estava ele, dizendo para a nadadora olímpica que ela não é treinada adequadamente para usar a prancha mais alta! Que audácia! Cenário humilhante.

Alguém já menosprezou seus talentos? É humilhante. Eu não sei de ninguém menos menosprezado do que Deus. E ele encarou isso com uma bela humildade. Imagine ir de uma vida no céu, onde tudo é glorioso, pacífico e belo, para viver na terra com sovacos suados, articulações doloridas e pessoas irritadas! Jesus passou de criar os reis que estavam no poder a obedecê-los. Ele entendia a humildade mais completamente do que jamais entenderemos. Foi de *a* autoridade a servir a autoridade. Seu exemplo pode definitivamente reformar nossa visão sobre a obediência e o respeito.

Se o próprio Deus respeitou a autoridade na terra, então você e eu também devemos fazê-lo — e comparado ao que Jesus foi chamado para fazer, para nós é mole nos submetermos. Uma das maiores qualidades que Deus recompensa é a humildade, e se alguém sabe alguma coisa sobre humildade, esse alguém é Jesus.

Recado do Max

Sabe o mais legal em relação à vinda de Cristo? Sabe qual é a parte mais memorável do tempo de Jesus na terra?

Não é que ele trocou a eternidade por calendários.

Não é que aquele que jogava bolas de gude com as estrelas abriu mão disso para jogar bolas de gude com bolas de gude.

Não é que ele, em um instante, foi de não precisar de nada a precisar de ar, comida, água morna e sal para seus pés cansados e, mais do que qualquer coisa, precisar de alguém — qualquer um — que estivesse mais preocupado com onde ele passaria a eternidade do que onde ele passaria o fim de semana.

Não é que ele se recusou a se defender quando foi culpado por todos os pecados de todas as pessoas que já viveram.

Nem mesmo que depois de três dias em um buraco escuro ele se dirigiu ao nascer do sol da Páscoa com um sorriso, um andar exibido e uma pergunta para o ordinário Lúcifer — "Esse é seu melhor golpe?"

Isso foi legal, muito legal.

Mas quer saber o mais legal sobre aquele que abriu mão da coroa do céu por uma coroa de espinhos?

Ele o fez por você. Só por você.[1]

As pessoas que estão respirando e têm nosso DNA

Então, por causa do que Cristo fez por nós e através de nós, ele pode nos oferecer a graça para mostrar diante do professor difícil, do vizinho chato ou até mesmo do salva-vidas impertinente. Mas e quanto às pessoas um pouco mais próximas de casa? Ou, em alguns casos, *em* nossa casa? A família. Sabe, as pessoas com o seu DNA.

Irmãos são chatos. Pronto, falei.

Às vezes, simplesmente é difícil amar seus irmãos, não é? Eu cresci com duas irmãs mais novas, assim não posso me identificar com meninas com irmãos, mas deixe-me dizer como eu o respeito profundamente.

Eu sei muito, no entanto, sobre como irmãs podem brigar. Havia duas áreas sobre as quais eu e minhas irmãs brigávamos mais: o banco da frente e armários. Nós brigávamos tanto para ver quem sentaria no banco da frente com o papai que ele teve que criar regras: Andrea sentava nos dias ímpares e eu sentava nos dias pares. Também tínhamos catástrofes com o armário semanalmente. Se Andrea pegasse uma blusa do meu armário sem me perguntar, você acharia que pela minha reação ela havia pegado minha perna emprestada! Como ela ousava tocar meus pertences! (Eu acho engraçado como a mamãe, tendo comprado tudo, eu chamava tudo de "meu".)

Você briga muito com seus irmãos ou vocês se dão bem? Brigar com irmãos de vez em quando é normal. Mas se o relacionamento é mais uma rivalidade, pare e se pergunte por quê. O que você pode fazer para mudar isso?

Dica de
Beleza

Desde que as meninas possam criar e obedecer regras com as quais estejam confortáveis, dividir armários pode ser ótimo! Quero dizer, pense nisso; se você e sua irmã usam o mesmo tamanho, isso faz com que vocês tenham dois pares de sapato, duas roupas e dois acessórios! Aqui estão algumas dicas:

- Não pegue sem pedir.
- Reponha o que estragar.
- Esteja tão pronta para dividir como para pegar emprestado.

Eu sei que respeitar membros da família algumas vezes parece uma tarefa impossível, mas esta verdade pode nos ajudar: precisamos lembrar que nosso pai celestial é o pai de nossos irmãos e de nossos pais também. Então quando você estiver pronta para puxar o cabelo de sua irmã e dar um chute no seu irmão, pense nisto:

> *Quem quiser tornar-se importante entre vocês deverá ser servo, e quem quiser ser o primeiro deverá ser escravo; como o Filho do homem, que não veio para ser servido, mas para servir e dar a sua vida em resgate por muitos. (Mateus 20:26-28)*

Todos queremos ser maravilhosos, não queremos? Bem, o que esse versículo diz que devemos fazer para nos tornarmos maravilhosos? Temos que agir humildemente! Temos que servir!

Deus quer que olhemos nossa família e os adultos de nossa vida (sim, mesmo os malvados) com olhos humildes. Ele quer que vejamos esses relacionamentos como uma chance de amar ao próximo assim como ele ama você. Então, se isso significa pedir desculpas para seu irmão ou irmã antes de ele ou ela pedir, tente. Se isso quer dizer que você tenha de sair do cômodo onde você estiver antes de estourar com sua mãe de novo, saia respeitosamente.

Pense em outras formas de mostrar humildade em casa e as escreva aqui:

____

____

____

____

____

____

____

____

____

____

____

____

____

Acessório da vida

Amor – conhecer o amor de Deus por nós para que possamos amar os outros.

Ser bonita significa ter muito amor pelos outros. Nem sempre é fácil, mas quem disse que a vida é fácil? Além do mais, o que isso diz sobre nosso caráter se só sabemos ser legais com quem é legal conosco?

Deus nos enche com seu amor não apenas para nos mostrar quanto ele nos ama, mas para que isso transborde para os outros. Algumas vezes usar este acessório virá naturalmente, mas outras vezes requer um pouco de esforço. Apenas para praticar, decida fazer três coisas legais para três pessoas aleatórias. Escreva como você se sentiu e como você deve ser abençoada por isso.

Logo que vemos Deus como nosso pai, ele se torna nosso exemplo de como vemos e lidamos com outros. Podemos não ver mudanças em outras pessoas, mas eles verão uma mudança em nós. Então vamos escolher seguir o exemplo de Deus para sermos um exemplo. Deus irá redefinir nossos relacionamentos, tornando-os menos dramáticos (que menina não quer menos drama em sua vida?), com menos fardos, mais alegres e mais bonitos.

Deus, peço que me guies nos relacionamentos com minha família e com os adultos e outros líderes em minha vida. Peço para enxergá-los como tu os enxergas e amá-los como tu os ama. Amém.

Capítulo 13
Sua história

Este capítulo é todo sobre você! Vamos pegar esse conceito e escrever uma pequena história sobre beleza em sua própria vida. Espere! Não fuja! Eu prometo que não será um trabalho valendo nota e você não precisa fazê-lo sozinha. Podemos escrevê-lo juntas.

Só quis passar um tempinho deixando você pegar todas as dicas de beleza e conversas de relacionamento que tivemos para aplicá-las em sua vida. Assim, você não precisa fugir deste livro pensando, *Jenna, isso tudo parece legal, mas não tem jeito de minha vida ficar bonita. Não tem jeito de o meu relacionamento com minha mãe ou até mesmo com Deus ficar bonito. E não sei se vou poder algum dia me ver como uma pessoa bonita.*

Mesmo as histórias mais sombrias podem ter um fim bonito. Não importa que história você viveu até agora, vamos dar um jeito de torná-la mais bonita.

Então, vamos começar.

Toda história precisa de um título.

Que tal... "Minha vida. Um romance." Não. Muito chato. Que tal... "Transformação total do coração". Não. Isso soa familiar demais para mim.

Ok, que tal você colocar o título que você quiser em sua história. Afinal, esta é a sua história, não a minha.

____

____

____

____

Agora que você tem um título, vamos pensar em uma frase de impacto. "Foi o melhor dos tempos e o pior dos tempos", essa já foi usada por um cara famoso chamado Dickens, então é melhor tentarmos algo mais simples. Hummm... que tal, "Era uma vez"? Pode não ser original, mas sempre funciona! Além disso, que menina não gosta de uma história em que ela é a princesa? E toda história de princesa tem um "era uma vez." Então lá vai:

Era uma vez uma princesa chamada __________ que vivia em um castelo enorme (a parte do castelo pode estar meio exagerada) em ____________.

Ok, vamos ver o tipo de situação familiar em que você nasceu. Use as linhas a seguir para falar sobre seus pais.

Eles viviam juntos? Você conhece seu pai e sua mãe? Você foi adotada? Eles são divorciados? Depois, fale quantos irmãos você tem e onde você se encaixa em relação às idades de vocês. Você é a mais velha? Mais nova? Do meio?

____

____

____

____

____

____

____

____

____

____

____

____

Certo, você sabe o quanto falamos sobre seu pai ser a figura principal que afeta sua beleza por dentro e por fora? Bem, escreva um pouco sobre seu pai da terra. Desculpe por não ter muito espaço, mas sinta-se à vontade para usar as margens ou atrás da capa. Se você não gosta de escrever, você pode desenhar. Ei, é sua história! Faça o que quiser. Aqui estão alguns tópicos para levar em consideração:

Onde seu pai trabalha? Ele é casado, solteiro ou está namorando? Quais são os hobbies *dele? Que tipo de pai ele é? Que tipo de relacionamento você tem com ele?*

Também decidimos que todos os pais da terra são um pouco confusos, certo? Algumas vezes as bagunças deles fazem as coisas ficarem feias. Eles não podem nos salvar das loucuras da vida. Esta é a parte da história onde devemos discutir um problema. Toda história tem um problema. O problema em sua história precisa responder a esta pergunta: *O que em sua vida evitou que você tivesse relacionamentos bonitos e uma percepção de beleza de você mesma?* Aqui pode ser o ponto onde você talvez queira ser honesta sobre as feridas que seu pai ou sua mãe causaram. Pode ser o ponto em que você queira focar nas mentiras de seus amigos ou da mídia. Também pode ser o ponto em que você queira focar em você mesma e em hábitos ruins que tenha criado, seja vício ou egoísmo, amargura ou falta de gratidão.

Quais são alguns dos problemas que não deixam você ter a experiência de uma vida bonita que Deus quer dar e ter a experiência do ser bonito que Deus falou para você ser?

____

____

____

____

____

____

____

____

____

____

____

Como você está ficando vulnerável, eu fico vulnerável. Um problema em minha história era a insegurança por causa do sucesso de meu pai. Eu sempre achei que seria conhecida como a "filha do Max Lucado" e nunca como "Jenna". Então criei todas essas falsas expectativas para mim mesma; eu achava que deveria ser aquela filha perfeita e bem-sucedida que eu acreditava que todo mundo queria que eu fosse. Levou um tempão para eu entender que minha identidade não vem do sucesso dele ou até mesmo do meu.

Por causa dos problemas em nossas histórias, tomamos decisões erradas: temos relacionamentos não saudáveis. Minha prima Holly sabe o que é sofrer de um problema na história dela.

A história de Holly

Ela tinha 8 anos quando ouviu as palavras que iriam mudar a vida dela para sempre: "Estamos nos divorciando." Ela me disse que se sentia como uma bola de pingue-pongue quando mais nova, indo de uma casa à outra. Ela até fugiu de casa porque não queria fazer as malas mais uma vez. Ela desejava estabilidade, mas se sentia confusa; queria unidade familiar, mas cresceu tendo que escolher entre dois pais que viviam brigando; e ela esperava o amor de seu pai, mas ele morava em outro lugar.

Quando ficou mais velha, Holly soube que o fato de o pai ter traído a mãe definiu muitas áreas de sua vida. Por exemplo, ela brigava com seu irmão porque ele estava do lado do pai enquanto ela ficava do lado da mãe. Também era difícil para ela confiar nos homens porque o homem principal da vida dela traiu a mãe. E o divórcio a deixou com raiva de Deus. Ela perguntou por que ele deixaria isso acontecer.

Tire um minuto para listar algumas áreas em que os problemas em sua história de vida tenham machucado seu modo de enxergar os relacionamentos em sua vida.

____

____

____

____

____

____

____

____

____

Algumas de vocês podem não querer continuar a história após esta seção. Depois de olhar para os problemas em sua vida, você pode querer jogar este livro longe. Você não sabe quanta coisa bonita pode sair daqui. O que quer que você esteja pensando, não perca as esperanças. Eu tenho boas notícias! Você não tem de escrever o resto de sua história! Lembra quando estávamos nos falando alguns capítulos sobre seu Pai celestial? Bem, acontece que ele é um autor *best-seller* especialista em finais felizes. Ele está aqui para escrever o resto de sua história. Eu o convidei para vir aqui e ajudar você, mas ele me disse que meu convite não pode fazer muita coisa. Ele quer que *você* o convide.

Deus espera recolher as cinzas de sua vida e transformá-las em beleza (Isaías 61:3). Ele quer ajudar você a abraçar sua história e crescer com ela. A única forma de fazer isso é deixá-lo ter domínio da caneta. Com Deus escrevendo sua história, posso garantir que sua vida na terra não será exatamente como você planejou, mas não restam dúvidas de que você terá um "final feliz celestial".

Recado do Max

Existe mais em sua vida do que você imagina. Existe mais em sua história do que você pode ler. Existe mais em sua música do que você pode cantar. Um bom escritor guarda o melhor para o fim. Um bom compositor guarda o melhor para o fim. E Deus, o escritor da vida e compositor da esperança, fez o mesmo por você.

O melhor ainda está por vir.

Então, eu imploro a você: Não desista.

E assim eu juro, termine sua jornada.

Assim eu continuo, estarei lá.

Esteja lá quando Deus sussurrar seu nome.[1]

Se você já vê beleza em seus relacionamentos e em você mesma, Deus quer tornar sua história ainda melhor. Não se exclua dessa!

Então, como Deus cria os finais bonitos? Primeiro, ele espera que lhe entreguemos a caneta e que peçamos para que ele mude o modo como nossa história está indo. Quando convidamos Deus para ser nosso pai mais importante, ele corrige o modo como olhamos para nossos problemas. Ele corrige a forma como olhamos para nossos relacionamentos, o modo como olhamos para nós mesmas e o modo como olhamos para ele. Ele faz nossa história bonita.

Você está pronta para entregar seus escritos para aquele que quer escrever sua história? Se sim, ótimo. Se não, peça a Deus que ajude você. Este também pode ser o momento perfeito para pedir que ele cubra seu coração. Passe um minuto com Deus, pedindo a ele para controlar seu coração e sua história.

Então, como Deus escreve um final belo? Ele usa os problemas em sua história para tornar você cada vez mais forte! Ele usa os problemas em sua história colocando pessoas em sua vida que têm a mesma luta. E ele usa os problemas em sua história para deixar você mais próxima dele. Observe o final da história de Holly para você ver o que estou falando.

Um final bonito

Holly falou que sua história teve uma nova página quando ela se voltou para Deus. Explicou que Deus e sua família da igreja a ajudaram a perdoar seu pai, um passo que a livrou da raiva e do ressentimento. Ela frequentou uma aula que sua igreja oferecia para crianças que estavam enfrentando divórcio. Aquela aula deu muita coragem para Holly e agora ela ajuda outras crianças a superarem o que ela passou. Holly começou uma relação renovada e forte com seu pai, porque ela havia se apaixonado por seu Pai perfeito. Ela também achou o homem de seus sonhos e já está casada e feliz há mais ou menos seis anos.

Talvez o problema em sua história seja tão deprimente que você nem escreva sobre isso; permita-se ver luz no fim do túnel nesta jornada sombria. Se você deixar, você pode se identificar com esta história:

A história de Joyce

Joyce Meyer divide sua história em seu livro *Beauty for Ashes* [Beleza pelas cinzas]. Joyce cresceu com um pai que abusava sexualmente dela por todo o tempo em que ela viveu na casa dele. Quando ela tentou contar à mãe, sua mãe escolheu acreditar em seu pai, que alegou que Joyce estava mentindo. Joyce lembra como seu corpo inteiro se encheu de medo quando ela ouvia a chave virando pela fechadura à noite.[2] O medo dominava sua vida e esse medo era tão paralisante que ela não sabia como fazer amigos.

Joyce se sentiu presa por muito tempo. Ela permaneceu no desespero por anos, até começar a se alimentar das palavras de Deus, e finalmente entregou a caneta a ele para que ele fosse o autor do resto de sua história. Mas como ele podia transformar sua tragédia em triunfo?

Bem, Joyce diz em seu livro que ela tinha que enfrentar a verdade sobre si mesma e seguir em frente com sua vida.[3] Para ela, enfrentar a verdade significava reconhecer a atitude ruim que tinha em relação ao mundo por causa de uma ferida não curada do passado.

Que verdade você precisa enfrentar sobre você mesma?

Dica de beleza

Encontrando a beleza interior

Talvez seu pai seja abusivo. Talvez ele seja maravilhoso. Independentemente de sua história, todos temos inseguranças secretas. Quando seu interior dói, ele mostra no exterior o modo que você age, se veste e dorme à noite. Aqui estão algumas ideias inspiradas na história de Joyce que podem ajudar seu interior a ficar belo, para, assim, seu exterior ficar belo também:

- Enfrente o fato de você ter se machucado. Você vive se escondendo da dor, mas quanto mais se esconde, mais você foge. E fugir de um problema não vai ajudar a enfrentá-lo.
- Examine os sintomas. Você fica na cama ou se isola muito? Você se sente triste o tempo todo e o mundo está sempre cinza? Você briga muito com seus amigos e com sua família? Esses são sintomas de um coração oprimido ou deprimido.

- Enfrente seu ódio em relação ao seu pai, em relação a você ou em relação a quem quer que tenha machucado você. Ou — aqui está um dos grandes — e se estiver na hora de você ser honesta em relação à sua raiva de Deus?
- Converse com alguém em quem você confie. Isso é importante! Segredos não curam. Eu digo, especialmente se você está sofrendo abuso, para buscar ajuda imediatamente e falar com alguém sobre sua dor.

Veja, até você e eu enxergarmos o que está acontecendo em nosso coração, não daremos a caneta a Deus para escrever uma história de cura e redenção. Não saberemos como amar completamente.

Outra verdade que Joyce enfrentou foi o passado duro de seu pai. Ele mesmo sofreu abuso, então ele não sabia o que eram pais saudáveis. Isso é uma desculpa para o comportamento dele? Não! Mais isso deu compaixão a ela? Sim. Você olhou para a história por trás de seus problemas? Você já conversou com a pessoa que machuca você sobre os problemas dela? Esse relacionamento não saudável em sua vida acontece por causa de uma vida com um lar destruído?

Ok, aqui está meu desafio. Volte à seção onde você anotou seus problemas e como eles afetaram partes de sua vida. Agora eu quero que você escreva uma prece a Deus, pedindo a ele para usar cada um dos problemas de modo específico, transformando-os em algo bonito. Aqui está o exemplo de minha própria vida:

Deus, eu luto para ser eu mesma por causa de vários amigos que me traíram no passado, muitos amigos que não gostavam de mim como eu era. Tu usarás isso como uma forma de depender de ti para meu valor próprio e minha identidade? Usarás isso como um lembrete para encorajar meus amigos em sua unicidade?

Acessório básico da vida

Alegria — conhecer a fonte de toda a alegria

Joyce encontrou alegria em sua história. Ela agora fala com milhares de mulheres sobre Deus e sua fé na vida. Escreveu diversos livros e usou sua experiência para trazer alegria aos outros que estão presos em algum problema em uma parte da história de suas vidas. Outra alegria foi vista na paixão dela pelas palavras de Deus.

Nas palavras de Deus você vai achar as ferramentas de que precisa para emendar os relacionamentos quebrados, emendar seu próprio coração e viver uma vida cheia de alegria! Mas aqui está a dica: não adianta só ler a Bíblia, você tem que vivê-la. A Bíblia diz: "A fé sem obras é inútil" (Tiago 2:20).

A alegria verdadeira vem de viver uma vida bonita, para a qual Deus a chama em suas Palavras. Então tente! Imprima versículos que possam ajudá-la a perdoar mais, amar mais e servir mais. Você pode até mesmo recortar os versículos que eu mostrei para você neste livro! O início pode não ser fácil, mas eu prometo que a alegria cobrirá qualquer buraco escuro à medida que você mantiver Deus e suas palavras em sua vida.

Se sua vida, de forma geral, foi uma caminhada agradável, lembre que Deus quer usar sua experiência positiva para moldar você. E ele quer usar sua sabedoria do que um bom pai é, que tipo de relacionamentos saudáveis e autoestima forte existem para ajudar meninas que nunca tiveram um modelo positivo. Talvez, depois de ler este capítulo, você esteja olhando para a menina malvada da escola de forma diferente.

Agora você deve estar se perguntando se ela tem um lar tranquilo e se ela sabe que tem um Pai perfeito que a ama. Talvez Deus queira que você ofereça ajuda a alguém por causa do que você aprendeu.

Como você quer que sua história termine? Você quer continuar amarga, apática, ferida, chateada e deprimida? Ou você quer deixar Deus redefinir sua vida e descobrir saúde, alegria e paz? Está na hora de dar a ele uma caneta para que ele faça sua vida bonita.

Capítulo 14
A promessa perfeita

Quando eu estava na sétima série, meu pai deu para mim e para minhas irmãs um presente de Valentine's Day[1] que eu nunca vou esquecer. Ele digitou uma carta que imprimiu em três pedaços de papel e colocou em três molduras, uma para cada uma de nós. Elas estavam sobre mesa da cozinha quando viemos descendo as escadas, com pensamentos em chocolates, flores, balões em forma de corações e ursinhos bonitinhos. Imagine a cara de espanto da gente quando recebemos uma moldura de presente. O que eu não entendi na época é que aquele pedaço de papel significaria mais do que flores que logo murchariam. As palavras no papel ajudaram a moldar quem eu sou.

A carta foi uma promessa e eu não estou falando sobre uma promessa para "contar a verdade, somente a verdade e nada além da verdade". Não era uma promessa ao papai de nunca cometer um erro e não era uma promessa dele de comprar para nós tudo que queríamos ou nos deixar assistir aos tão sonhados filmes proibidos para menores de 13 anos a que todos os nossos amigos podiam assistir. Não. Era melhor que tudo isso.

Era a promessa de meu pai nunca deixar a gente. Era a promessa dele nunca nos deixar, de nos sustentar, se manter fiel à nossa mãe e se manter fiel como pai. Era a promessa dele de honrar nossa mãe e nos proteger sempre.

Eu era jovem, estava no ginásio, como eu deveria reagir a um presente assim? Embora conscientemente eu não sentisse nenhuma mudança em meu coração por conta do presente, agora eu sei, no fundo de minha alma, que aquela promessa me ajudou a ser uma garota que cresceu confiando em Deus, que sabe amar, que tem segurança do amor de seus pais, que sabe o que é comprometimento e dedicação, que tem esperança, que acredita em sonhos realizados, e, acima de tudo, que sabe por que Deus quer ser chamado de "Pai".

Um pai verdadeiro ama, perdoa, nunca abandona, consola, ouve, ajuda, disciplina e encoraja. E a promessa que papai me deu naquele Valentine's Day ajudou a me ensinar o que é esse amor verdadeiro.

Você tem um pai que fez a mesma promessa para você. Você tem um pai que é definido pelo amor (veja 1 João 4:8). Ele apoia você nas noites escuras e longas e se alegra durante dias felizes. Ele se alegra em você quando você não está alegre, ele perdoa você quando você não se perdoa. Ele fornece tudo de que você precisa e dá conselhos para guiar seus caminhos.

Então, antes de dizermos adeus, eu gostaria de compartilhar um pouco da promessa que meu pai fez. Leia isto como uma carta do seu pai perfeito para você, sua filha amada. Absorva cada palavra, porque ele fez estas promessas para você; ele disse: "Nunca o deixarei, nunca o abandonarei" (Hebreus 13:5).

Querida ___________ (coloque seu nome)

Tenho um presente especial para você. Meu presente é o aconchego das noites e das tardes de sol, das risadas e dos sábados felizes. Quando estiver chovendo lá fora, quero que você esteja segura comigo. Isso é o que eu quero dar a você.

Mas como eu dou esse presente? Existe alguma loja que venda risadas ou um catálogo que ofereça beijos? Não. Tal tesouro não pode ser comprado. Mas pode ser dado. E aqui está como eu dou a você.

Seu presente é uma promessa: é a promessa de que eu sempre vou amar você. Nunca vou deixar você. Você nunca acordará e não me verá. Você nunca achará que eu fugi. Você sempre me terá como seu Pai. E eu sempre vou admirar você como minha filha.

Esta é a minha promessa. Este é o meu presente.

Com amor, seu Pai celestial

Depois de ler isso, você pode querer fazer o que meu pai fez por mim: recorte a promessa (isso mesmo, estou dando permissão para você cortar este livro) e faça uma moldura para ela. Dessa forma, todos os dias, você se lembrará de seu Pai perfeito que sempre amará você, não importa o que aconteça.

Bem, foi uma transformação divertida. Falamos sobre diversas formas de você mudar seu visual e adorei passar esse tempo com você! Talvez algum dia nossos caminhos se cruzem de novo, mas, até lá, meu desafio para você é este: Conheça Deus como seu Pai. Ao fazer isso, ele redefinirá seus relacionamentos e os tornará voltados para ele, sem dramas e mais encorajadores. Ele redefinirá o modo como você se vê e a tornará mais confiante, mais alegre e mais honrosa a Deus. Ele redefinirá o modo como você olha para ele e dará um entendimento de quem ele realmente é — um Pai perfeito, que nunca a deixará, que sempre a amará e quer fazer com que você cresça sendo a mulher que ele quer que você seja. Em geral, sua vida inteira fica mais bonita quando você sabe o que Deus vê quando a vê.

Agradecimentos

Este livro foi um trabalho em equipe! Para todos os que colocaram as mãos para tornar este livro possível, obrigada, obrigada, obrigada! Aqui estão alguns dos nomes que me levaram durante esta experiência.

Mackenzie Howard – Eu não gostaria de trabalhar comigo o tanto que você teve que trabalhar! Mas por você ser a combinação perfeita de inteligência, criatividade, humildade e gentileza, aprendeu a me aturar. Para mim, você se tornou mais do que um editor fenomenal, você se tornou meu novo amigo.

Lauren Minchew – Você é muito valiosa; ainda assim, você teve tempo de revisar este material de autora de primeira viagem. Obrigada pela sua sabedoria. Obrigada pelo seu apoio. Obrigada pela sua paciência. E obrigada por não ser estrela demais para me ajudar.

Greg Jackson e Mandi Cofer – Greg, eu não acho que o velho ditado "não julgue um livro pela sua capa" se aplique a você por conta do incrível trabalho artístico que você tem de fazer para um livro ganhar vida por fora! Mandi, eu tiro meu chapéu para você — mestre em pegar um texto e transformá-lo em arte. Ótimo trabalho de vocês dois!

Mary Graham – Eu nunca teria escrito este livro se você não tivesse me pedido. Obrigada por acreditar em mim. Quero ser exatamente como você quando eu crescer.

Amy Chandy – De primeira você me intimidou, mas agora eu admiro você. Você não para com os sonhos. Você só para quando eles se realizam. Obrigada por fazer um de meus sonhos se realizarem, deixando-o me fazer parte do melhor time do mundo. Eu admiro você, Amy!

Mamãe – Obrigada por chorar comigo quando eu choro e rir comigo quando eu rio. Não importa o que eu esteja passando, você arruma um jeito de simpatizar com a loucura em minha cabeça. Você sempre tem sabedoria para compartilhar e um abraço para dar. Eu amo você.

Andrea e Sara – vocês são a metade deste livro! Dividir uma vida com vocês inspirou minhas histórias e vocês ainda me inspiram. Dre, você me inspira a amar as pessoas, viver de forma aventureira e fazer milhares de perguntas. Sara, você me inspira a ver com olhos espirituais, sorriso alto e falar menos. Eu amo vocês duas loucamente.

Brett – você foi a minha maior distração. Eu me pegava pensando em você enquanto eu deveria estar digitando os capítulos! Logo que eu te dei a minha mão, você a segurou firme mesmo nos altos e baixos deste livro. Você é o meu melhor amigo, meu amor verdadeiro e meu companheiro de cadeira de balanço. Você é meu favorito.

Para terminar, gostaria de agradecer a todas as meninas que dividiram suas histórias comigo. Vocês são as vozes deste livro. Sem a transparência de vocês, este livro não existiria. Continuem usando estas histórias. É a melhor forma de transformá-las em algo bonito.

Notas

Capítulo 3

1. Kyle Pruett. *Father Need* [Necessidade de um pai].Nova York: The Free Press, 2000, 45.
2. *Father Facts* [Fatos de pai]. 5 ed. Gaithersburg, MD: National Fatherhood Initiative, 2007, 136.
3. Kevin Leman. *What a Difference a Daddy Makes* [Que diferença um pai faz]. Nashville: Thomas Nelson, 2000, 7.
4. David Blakenhorn. "Fatherless America" [América sem medo]. Disponível em http://www.americanexperiment.org/publications/1993/19930113blakenhorn.php, 13 de janeiro de 1993.
5. David Popenoe. *Life Without Father* [A vida sem um pai]. Cambridge, MA: Harvard University, 1996, 149.
6. Ibid., 143.
7. Monique Robinson. *Longing for Daddy* [Com saudade do papai]. Colorado Springs: WaterBrook, 2004, 120.
8. Popenoe. *Life Without Father* [A vida sem um pai], 143.
9. *Father Facts* [Fatos de pai], 71.
10. Ibid., 69.
11. Pruett. *Father Need* [Necessidade de um pai], 38.
12. Robinson. *Longing for Daddy* [Com saudades do papai], 41.
13. Leman. *What a Difference a Daddy Makes* [Que diferença um pai faz], 159.

Capítulo 4

1. Ivy Sellers. Q&A: Dr. Meg Meeker em *"Strong Fathers, Strong Daughters"* [Pais fortes, filhas fortes]. Human Events, 2006. Disponível em: http://www.humanevents.com/article.php?id=17444.
2. Max Lucado. *God's Inspirational Promises* [As promessas de inspiração de Deus]. Nashville: Thomas Nelson, 2001, 1996, 93.
3. Joyce Meyer. *Beauty for Ashes* [Beleza pelas cinzas]. Nova York: Faith Words, 1994, 174.
4. Max Lucado. *Quando Cristo voltar.* Rio de Janeiro: CPAD, 1999.

Capítulo 5

1. Lucado. *Quando Deus sussurra seu nome.* Rio de Janeiro: CPAD, 2004.
2. Lucado. *Quando Deus sussurra seu nome.*

Capítulo 6

1. Lucado. *Quando Deus sussurra seu nome.*
2. Lucado. *Nas garras da graça.* Rio de Janeiro: CPAD, 2005.
3. Lucado. *A grande casa de Deus.* Rio de Janeiro: CPAD, 2005.

Capítulo 7

1. Max Lucado. *Quando os anjos silenciaram.* Rio de Janeiro: United Press, 1999.

Capítulo 8

1. Nancy DeMoss. *Lies Women Believe* [As mentiras em que as mulheres acreditam]. Chicago: Moody, 2001, 68.
2. Ibid.
3. Adaptado de Max Lucado. *Seu nome é Salvador.* São Paulo: Vida Cristã, 1999.

Capítulo 9

1. Adaptado de Max Lucado. *Simplesmente como Jesus.* Rio de Janeiro: CPAD, 2005.

Capítulo 10

1. Chad Eastham. *The Truth About Guys* [A verdade sobre os homens]. Nashville: Thomas Nelson, 2006, 122.
2. Adaptado de Max Lucado. *O aplauso do céu.* Rio de Janeiro: United Press, 1997.

Capítulo 11

1. Max Lucado. *Um amor que vale a pena.* Rio de Janeiro: CPAD, 2003.
2. Max Lucado. *On The Anvil* [Na Bigorna]. Wheaton, IL: Tyndale, 1985, 127.

Capítulo 12

1. Adaptado de Max Lucado. *Ele escolheu os cravos.* Rio de Janeiro: CPAD, 2002.

Capítulo 13

1. Max Lucado. *Quando Deus sussurra seu nome*. Rio de Janeiro: CPAD, 2004.
2. Meyer. *Beauty for Ashes* [Beleza pelas cinzas], 13.
3. Ibid., 80.

Este livro foi composto em Bembo 12/17
e impresso pela umlivro sobre papel
pólen natural 70g/m² para a Thomas
Nelson Brasil em 2023.